广东财经大学学术文库

Study on Corporate Governance Effects of
Executive Pay and Perquisite Consumption:
Perspectives of Product Market Competition and Firm Ownership

高管薪酬与在职消费的公司治理效应研究

基于产品市场竞争与产权性质的视角

陈晓珊 ◎ 著

图书在版编目（CIP）数据

高管薪酬与在职消费的公司治理效应研究：基于产品市场竞争与产权性质的视角/陈晓珊著．—北京：经济管理出版社，2019.9

ISBN 978-7-5096-6835-1

Ⅰ.①高… Ⅱ.①陈… Ⅲ.①上市公司—企业管理—研究 Ⅳ.①F276.6

中国版本图书馆 CIP 数据核字（2019）第 171778 号

组稿编辑：郭丽娟
责任编辑：魏晨红
责任印制：梁植睿
责任校对：赵天宇

出版发行：经济管理出版社
（北京市海淀区北蜂窝 8 号中雅大厦 A 座 11 层　100038）

网　　址：www.E-mp.com.cn
电　　话：（010）51915602
印　　刷：北京玺诚印务有限公司
经　　销：新华书店
开　　本：720mm×1000mm/16
印　　张：12.25
字　　数：187 千字
版　　次：2019 年 11 月第 1 版　2019 年 11 月第 1 次印刷
书　　号：ISBN 978-7-5096-6835-1
定　　价：68.00 元

·版权所有　翻印必究·

凡购本社图书，如有印装错误，由本社读者服务部负责调换。
联系地址：北京阜外月坛北小街 2 号
电话：（010）68022974　邮编：100836

前　言

由于缺乏科学有效的业绩评价机制、信息披露机制与强有力的内部和外部监督机制，目前中国上市公司高管的绩效评估过程基本掌握在高管手中，高管利用权力使收入隐性化的同时还享有相当多的缺乏透明性的职务消费，导致整个激励机制的扭曲。对此，自2006年开始，国务院国有资产监督管理委员会、财政部等部门开始发布诸多文件以规范高管的薪酬待遇和职务消费行为。然而，关于"限薪令""八项规定"等薪酬管制政策的有效性却受到诸多学者的质疑。

近年来，"天价薪酬""薪酬倒挂""奢靡消费"等现象频生，社会公众和圈内学者关注较多的是上市公司是否为高管提供了过度的薪酬激励和配套消费，尤其是对在职消费究竟是一种代理成本还是一种隐性激励产生了较大的争议。与此同时，对产品市场竞争作为一种重要的公司外部治理机制，是否影响公司内部激励机制的作用发挥、不同的产权性质是否影响公司内外治理机制之间的互动关系等问题的研究还略为欠缺。

在中国企业的具体实践中，高管薪酬是否是一种有效的激励机制？高管在职消费是发挥"效率观"的激励作用、"代理观"的抑制作用，还是两种作用兼容？高管薪酬与在职消费之间是存在替代抑或互补关系？产品市场竞争作为一种外部治理机制，其会发挥怎样的治理作用？其与公司内部激励机制是否存在一定的关系？是存在互补关系还是替代关系？产权性质是否会影响上述问题的答案？通过对上述问题的研究，既有利于厘清公司内部的管理层激励机制所发挥的治理效应，也有助于明晰公司内部激励机制与外部市场竞争机制之间的相互关系，对企业进一步完善公司治理机制有一定的参考价值，同时也为公司治理研究领域补充了相应的研究成果，推动了公司治理理论的发展。

首先，本书基于中国薪酬制度改革的现实背景，定量和定性分析目前中国上市公司高管薪酬和在职消费的现状；其次，通过文献分析和理论建模，提出理论预期，并利用2003~2015年中国沪深两市A股非金融类上市公司的大样本微观数据，基于产品市场竞争和产权性质双重视角并从多个维度实证研究了中国上市公司高管薪酬与在职消费的公司治理效应；最后，通过机理分析厘清了各公司治理机制之间的逻辑关系，进而基于研究结论提出相关的政策建议。本书的研究结论如下：

（1）高管薪酬激励对公司绩效有显著的提升效应，而高管在职消费与公司绩效之间存在显著的倒"U"形关系，表明在职消费的"效率观"和"代理观"并不是完全对立的，两者存在逻辑一致性；高管在职消费与货币薪酬之间存在明显的替代关系。基于产权性质视角的研究表明：国有企业高管在职消费与公司绩效之间呈倒"U"形特征，而民营企业高管在职消费与公司绩效之间只呈单纯递增的线性特征，表明民营企业的高管在职消费主要发挥"效率观"的作用。

（2）高管薪酬激励与产品市场竞争机制均显著提升了公司绩效，并且高管薪酬激励对公司绩效的正向提升效应随着产品市场竞争的激烈程度而提高，表明两种机制间存在互补关系，并且这种互补性不受公司产权性质的影响。

（3）高管在职消费与产品市场竞争机制均能有效地促进公司绩效的提升，两种机制之间的公司治理效应存在明显的替代关系，并且这种替代性不受公司产权性质的影响。

（4）产品市场竞争机制主要通过能力甄别效应、业绩激励效应以及声誉刺激效应三个路径强化高管薪酬的激励作用；相反，产品市场竞争机制主要通过信息冲突效应、市场掠夺风险效应以及竞争淘汰效应三个维度弱化高管在职消费的激励作用。

本书的研究结论表明，中国上市公司高管薪酬、高管在职消费等内部激励机制与外部产品市场竞争机制在公司治理层面分别存在着互补和替代关系，这意味着公司要充分重视和利用各治理机制之间的相互性，注意市场竞争机制建设与薪酬制度建设并重而行，同时要建立健全职务消费管理制度，促进在职消费发挥"效率观"的激励作用。

目 录

第一章 导论 1

 第一节 研究背景、研究目的与研究意义 1

  一、研究背景 1

  二、研究目的 4

  三、研究意义 5

 第二节 研究思路、研究内容与框架 7

  一、研究思路 7

  二、研究内容与框架 7

 第三节 研究方法 10

  一、文献分析法 10

  二、定性分析与定量分析相结合 10

  三、理论分析与实证分析相结合 11

  四、比较分析法 11

 第四节 创新之处 12

  一、研究视角创新 12

  二、研究方法创新 12

  三、研究内容创新 12

第二章 文献综述 15

 第一节 概念界定与指标衡量 15

一、高管薪酬 …………………………………………………… 15
二、在职消费 …………………………………………………… 17
三、产品市场竞争 ……………………………………………… 19
四、产权性质 …………………………………………………… 25
第二节 理论基础 …………………………………………………… 26
一、产权理论 …………………………………………………… 26
二、交易费用理论 ……………………………………………… 27
三、委托—代理理论 …………………………………………… 28
四、信息不对称理论 …………………………………………… 28
五、最优契约理论 ……………………………………………… 30
六、管理层权力理论 …………………………………………… 30
第三节 文献综述 …………………………………………………… 32
一、高管薪酬文献综述 ………………………………………… 32
二、在职消费文献综述 ………………………………………… 34
三、产品市场竞争文献综述 …………………………………… 39
四、产权性质文献综述 ………………………………………… 46
五、产品市场竞争与公司内部治理机制的关系文献综述 …… 49
第四节 文献评述 …………………………………………………… 50

第三章 制度背景与上市公司高管薪酬、在职消费现状分析 ………… 53
第一节 制度背景 …………………………………………………… 53
一、中国劳动者工资分配制度改革回顾 ……………………… 53
二、中国上市公司高管薪酬契约设计发展历程 ……………… 54
第二节 高管薪酬现状分析 ………………………………………… 57
一、上市公司高管薪酬水平分析 ……………………………… 57
二、上市公司高管薪酬结构分析 ……………………………… 69
第三节 高管在职消费现状分析 …………………………………… 72
一、上市公司高管在职消费水平分析 ………………………… 73

二、上市公司高管在职消费制度分析 …………………………… 74

　第四节　本章小结 ……………………………………………………… 75

第四章　高管薪酬与在职消费的公司治理效应研究 ……………………… 77

　第一节　引言 …………………………………………………………… 77

　第二节　理论分析与研究假设 ………………………………………… 78

　　一、高管薪酬与公司绩效：正向激励作用 …………………… 78

　　二、在职消费与公司绩效："代理观"与"效率观" ………… 79

　　三、高管薪酬与在职消费的公司治理效应：替代抑或互补 … 80

　　四、高管薪酬与在职消费的公司治理效应：企业异质性的

　　　　影响 …………………………………………………………… 81

　　五、高管薪酬与在职消费的公司治理效应：企业产权性质的

　　　　影响 …………………………………………………………… 83

　第三节　研究设计 ……………………………………………………… 85

　　一、样本选择与数据来源 ……………………………………… 85

　　二、变量说明 …………………………………………………… 85

　　三、模型构建 …………………………………………………… 87

　第四节　实证分析 ……………………………………………………… 87

　　一、描述性统计分析 …………………………………………… 87

　　二、实证结果分析 ……………………………………………… 89

　第五节　进一步研究：基于产权性质的视角 ………………………… 94

　第六节　本章小结 ……………………………………………………… 99

第五章　高管薪酬与产品市场竞争的公司治理效应：替代还是互补 …… 101

　第一节　引言 …………………………………………………………… 101

　第二节　理论模型 ……………………………………………………… 102

　第三节　实证分析 ……………………………………………………… 105

　　一、数据来源和变量说明 ……………………………………… 105

二、变量描述性统计 …… 108
三、实证模型设定 …… 109
四、实证结果分析 …… 110
五、稳健性检验 …… 113
第四节 进一步研究：基于产权性质的视角 …… 120
第五节 影响机理分析 …… 126
第六节 本章小结 …… 128

第六章 在职消费与产品市场竞争的公司治理效应：替代还是互补 …… 131
第一节 引言 …… 131
第二节 理论模型 …… 132
一、基准模型——纯寡头市场结构 …… 132
二、扩展模型——混合寡头市场结构 …… 135
第三节 实证分析 …… 136
一、样本选取与数据来源 …… 136
二、计量模型设计与变量说明 …… 137
三、实证分析与经验证据 …… 139
四、稳健性检验 …… 142
第四节 进一步研究：基于产权性质的视角 …… 145
第五节 影响机理分析 …… 148
第六节 本章小结 …… 150

第七章 研究结论与政策建议 …… 153
第一节 研究结论 …… 153
一、高管薪酬与在职消费的公司治理效应 …… 154
二、高管薪酬与产品市场竞争的公司治理效应：互补性 …… 154
三、在职消费与产品市场竞争的公司治理效应：替代性 …… 155
第二节 政策建议 …… 156

一、政府层面 …………………………………………… 156
　　二、企业层面 …………………………………………… 158
　第三节　研究不足与未来研究展望 …………………………… 161
　　一、研究不足 …………………………………………… 161
　　二、未来研究展望 ……………………………………… 162

参考文献 ………………………………………………………… 165

第一章 导论

第一节 研究背景、研究目的与研究意义

一、研究背景

现代股份制公司中,所有者将公司的投资决策、资源分配、激励条款制定等公司常规经营活动授权于职业经理人,虽然有利于权责分明(即所有权、经营权、监督权三权分立),但是,各主体间的信息不对称会导致管理者产生管理松懈,进而使委托—代理双方的利益难以有效契合,这种"两权分离"(即所有权与实际经营权相分离)实际上极容易产生两类不可避免的代理问题,进而产生较大的代理成本。第一类代理问题存在于公司股东与管理层之间,即由于激励不足,管理层普遍存在自利行为,直接损害股东利益;第二类代理问题存在于公司大股东与中小股东之间,即由于中国上市公司股权相对集中,股东内部利益经常不一致,容易产生利益冲突,大股东掌握着公司的实际控制权,容易促使他们寻机运用公司控制权侵占中小股东利益。最优契约理论认为,通过有效的薪酬契约激励可以约束管理层与股东利益趋向一致,使高管在追求自身利益的同时,能够最大限度地实现股东利益的最大化。随着市场化

改革的推进，目前中国大部分上市公司已逐步将高管薪酬契约与公司绩效挂钩（方军雄，2009；方芳和李实，2015）。

然而，就中国的实际情况看，由于缺乏科学、有效的业绩评价机制、信息披露机制与强有力的内部和外部监督机制，实际的绩效评估过程基本还是掌握在高管手中，高管利用权力使收入隐性化的同时还享有相当多缺乏透明性的职务消费①，导致整个激励机制的扭曲。这里所指的职务消费是一种最常见的代理成本，一般是指企业高管人员利用职务之便和工作需要所获得的除正常工资报酬外的额外收益，包括公款餐饮娱乐、豪华办公室、专用交通工具、豪华住房津贴、公费报销等一系列公款消费行为。

中国国有企业高管的激励扭曲现象较为突出，原因在于，国有企业存在实际上的"所有者虚位"，本身缺乏一个对高管强有力的考核激励约束主体，并且直接由中央行政任命的高管具有"亦商亦政"的双重身份，导致薪酬体系既脱离公务员的薪酬约束，又缺乏外部职业经理人的市场监督，直接降低了薪酬激励的效果，滋生相当多的"天价薪酬""薪酬倒挂""奢靡消费"等现象。因此，高管在职消费现象在上市公司尤其是国有上市公司中特别普遍，但由于股东并没有和管理者签订在职消费额度的契约，极容易滋生滥用现象，损害公司利益。

针对上述问题，中央出台了一系列文件加以严格规范。譬如：2009年9月16日，人力资源和社会保障部联合其他部门下发的《关于进一步规范中央企业负责人薪酬管理的指导意见》（以下简称《意见》）中分别从薪酬设计、薪酬结构、薪酬水平、职务消费等方面对中央企业负责人的薪酬制度做出了严格规范，《意见》中明确规定"要坚持完善薪酬制度与规范补充保险、职务消费等相配套"。2012年12月4日，习近平总书记主持召开中共中央政治局会议，审议通过了中央政治局关于改进工作作风、密切联系群众的"八项规定"，其中着重对"招待、宴请和生活待遇"等进行了限制性规定。

在上述薪酬改革的背景下，学术界关于公司高管薪酬、高管在职消费的研

---

① 冯根福和赵珉航（2012）、陈冬华等（2010）均指出，在中国企业尤其是国有企业中，高管在职消费的数额远大于货币薪酬。

究成果相当丰富。在充分肯定高管薪酬的激励作用的同时，学界关于高管在职消费的研究则未能形成统一的意见，主要是由于传统的理论和经验研究将上市公司高管在职消费仅做单一定位导致的。目前，学界关于高管在职消费的研究分为两个流派：一个流派认为在制度创新尚未真正成熟前，在职消费行为作为高管自我激励的一种方法，本身具有一定的合理性。其有助于提高管理层的工作积极性，进而对公司绩效发挥正向的治理效应，即在职消费的"效率观"。另一个流派认为在职消费作为一种代理成本，会导致公司资产流失，损害公司利益，即在职消费的"代理观"。那么，在中国企业的具体实践中，高管薪酬是否是一种有效的激励机制？高管在职消费是发挥"效率观"的激励作用、"代理观"的抑制作用，还是两种作用兼容？高管薪酬与在职消费之间关于公司治理效应是存在替代抑或互补的关系？对上述问题的回答将有助于厘清公司内部高管的激励机制所发挥的治理效应，对进一步完善公司内部治理机制有一定的参考价值。

相较于公司高管薪酬激励的内部治理机制而言，公司外部产品市场竞争具有更好的信息传递作用和激励约束作用。随着公司治理机制研究的深入，产品市场竞争作为一种重要的外部治理机制开始进入学术视野。学者们普遍认同产品市场竞争对高管管理懈怠问题的缓解作用（Gompers 等，2003；Giroud 和 Mueller，2010）。Holmstrom（1982）指出，产品市场竞争可以有效地降低委托人与代理人之间的信息不对称。Schmidt（1997）认为，产品市场竞争的"破产威胁"可以抑制代理人的机会主义行为，改善和提高公司治理水平。

本书认为，产品市场竞争的"破产威胁"和"声誉激励"发挥着较强的外部治理效应。

首先，竞争导致的破产可能性直接威胁着公司的资产安全和员工的职业安全，为避免破产导致的人财损失，股东会有动机强化公司治理；而管理者为避免公司破产导致的效用损失，会有动机减少私人收益的摄取。

其次，在行业竞争中，经营绩效较佳的公司可能享有更好的公司声誉，这种声誉激励同样会刺激公司股东加大公司治理的投入；而管理者出于职业生涯考虑，为树立个人的管理权威和职业声誉，同样会主动减少利用权力摄取私有收益的行为。通过上述的逻辑分析可以发现，产品市场竞争与公司内部治理机制一样发挥着降低代理成本的作用，那么，这种外部和内部治理机制之间是存在互补性还是替代性？以管理层激励为例，高管薪酬激励与产品竞争之间存在何种交互关系？高管在职消费与产品市场竞争之间存在何种交互关系？这将有待本书的理论分析和实证检验。

最后，中国的制度背景和现实国情决定了具有不同产权性质的公司，其所面临的行政干预程度不一样，导致不同所有制企业的内部治理机制、管理层选聘制度、高管薪酬契约的制定、高管薪酬结构中货币薪酬、股权激励以及在职消费等的比重可能存在较大差异，相较于民营企业，国有企业有着更加复杂的委托和代理关系，这就要求我们在探讨公司高管薪酬问题时必须要关注公司的产权性质差异，因此，本书选择产权性质为另一个研究视角。综上所述，本书将同时基于产品市场竞争和产权性质的双重视角，结合现实背景和经典理论深入探讨中国上市公司高管薪酬与在职消费的公司治理效应。

二、研究目的

本书借助产业经济学的 Structure–Conduct–Performance 研究范式（SCP，指结构—行为—绩效范式）来讨论公司金融问题，弥补现有公司金融文献普遍缺乏理论数理模型依据的研究局限。具体而言，产业经济学中的产业组织理论与公司金融中的公司治理理论存在较为明显的相通性。以产品市场竞争为例，产业组织理论将产品市场竞争定义为：同行业中生产或销售存在一定替代性或差异性的产品或服务的企业为了获取客户、原材料、劳动力等同种资源而展开的较量过程或者争夺行为。在上述定义的基础上，公司治理理论认为，企业间这种在产品市场上的资源竞争行为恰好为公司传递了各类市场信号，使公司管理者可以动态调整经营决策，股东也能够适时把握高管的努力程度，因此，产品市场竞争是一种有效的公司外部治理机制。

本书认为，利用产业组织理论可以更加贴切地分析公司间在产品市场上的博弈行为，探讨产品市场竞争的公司外部治理功能和其他公司内部治理机制问题等，但是囿于数据获得的局限性，既有文献普遍停留于理论层面的分析。相反地，得益于微观数据的可获得性，现有关于公司金融的研究文献基本采用实证研究方法，并且绝大部分仅简单采用文献分析法提出研究假设，缺乏理论上的数理依据。

为此，本书试图结合产业组织理论与公司治理两个领域各自的优势，采用理论与实证相结合的研究方法，以期通过这样的研究设计能够获得更具科学性和严谨性的研究结论，为产业经济学和公司金融学领域补充相应的文献。具体地，在中国不断推行国有企业改革的现实背景下，本书选择产品市场竞争和产权性质双重视角，从理论和实证上深入探讨中国上市公司高管薪酬与在职消费的公司治理效应，旨在厘清高管在职消费的"效率观"与"代理观"、高管薪酬与在职消费之间可能存在的相互关系、高管薪酬与产品市场竞争之间关于公司治理效应是存在互补性还是替代性、高管在职消费与产品市场竞争之间关于公司治理效应是存在互补性还是替代性以及对于不同产权性质的公司，其高管薪酬与在职消费的公司治理效应是否存在显著差异等。通过对上述问题的研究，为公司治理研究领域补充相应的研究成果，与此同时，推动公司治理机制的完善，为企业健全监督和管理机制提供有效参考。

三、研究意义

本书基于委托—代理理论和最优契约理论构建关于高管薪酬、高管在职消费与产品市场竞争的理论分析框架，进而基于产品市场竞争与产权性质双重研究视角，并选择上市公司的大样本微观数据实证检验了中国上市公司高管薪酬与在职消费的公司治理效应，对于理论发展和实践操作都有一定的意义，具体体现在以下几个方面：

（一）理论意义

首先，本书属于产业组织理论与公司金融的交叉领域研究，产业组织理论能够从理论上分析公司间的战略互动，考察不同的策略选择对于公司经济绩效的影响，但一般由于数据获得的局限性难以进行实证研究，而公司金融方面的财务公开数据刚好可以弥补上述局限性，两者可以很好地结合起来。

其次，本书的内容安排和方法运用使研究结论更加细致和翔实。具体而言，本书先对中国上市公司薪酬制度的改革历程和高管薪酬契约设计发展历程进行总结和归纳，这样有助于更好地从逻辑上理解高管薪酬激励机制的发展脉络；与此同时，通过数据分析梳理出目前中国上市公司高管薪酬与在职消费的现状，有助于更好地突出本书的现实背景。接着，本书同时基于产品市场竞争和产权性质双重视角对中国上市公司高管薪酬与在职消费的公司治理效应、高管薪酬与产品市场竞争间关于公司治理效应的交互关系、高管在职消费与产品市场竞争间关于公司治理效应的交互关系等问题进行了详细和深入的理论和实证分析，所获得的研究结论是对现有文献的有益补充，既有助于推动公司治理理论的发展，也有利于公司治理机制的完善。

（二）现实意义

首先，立足于中国上市公司高管薪酬制度改革的现实情景，承接政府政策对国有企业负责人薪酬结构的规定，本书基于产品市场竞争和产权性质双重视角探讨了中国上市公司高管薪酬与在职消费的公司治理效应，研究结论厘清了在职消费的"效率观"和"代理观"，为公司严格设置高管在职消费水平提供了经验依据，弥补了已有文献未充分考虑高管在职消费双重属性的研究局限。

其次，本书分别探讨了高管薪酬与产品市场竞争、高管在职消费与产品市场竞争之间关于公司治理效应的交互关系，发现在公司治理效应方面，高管薪酬与产品市场竞争之间存在显著的互补关系，而高管在职消费与产品市场竞争之间存在显著的替代关系，上述研究结论反映了公司要强化竞争意识，将产品市场竞争正式纳入公司的外部治理机制之一，充分利用产品市场竞争机制对高管薪酬激励作用的提升效应，以及产品市场竞争机制对高管在职消费的抑制效应，这为公司如何制定有效的联合治理机制提供了参考。

最后，本书详细论述了高管薪酬激励、在职消费、产品市场竞争等各治理机制之间的相互影响机理，不仅有助于为公司健全监督和管理机制提供有效参考，也有助于推动对公司内部和外部治理机制之间的相互作用机理的深入探索，促进中国公司综合治理机制的完善和治理水平的提高。

第二节 研究思路、研究内容与框架

一、研究思路

本书的研究思路主要基于"现实背景→前人研究→创新视角→现状分析→理论分析→实证分析→机理分析→研究结论→研究启示→研究展望"这条主线进行。①通过浏览时事和关注政策文件的出台掌握现实背景，确定选题的研究意义和研究价值；紧接着通过对选题所涉及的关键名词进行文献追踪和梳理，掌握目前的研究动态和已有的研究成果，厘清现有文献的研究脉络，掌握现有文献的研究技巧，归纳总结出现有文献的主要贡献和研究不足，确定选题的研究视角；接着借鉴经典理论的脉络，确定研究视角的研究价值和创新性，细化选题的分析框架。②通过数据分析掌握选题研究对象所涉及的制度发展历程和现状，归纳总结出目前研究对象存在的主要问题。③对选题构建理论模型或者进行文献总结的理论分析，推导出待检验的命题或者提出研究假设；进而构建相应的计量模型，运用实证分析的方法对理论推导的命题和假设进行回归估计，为选题的科学性提供经验证据；与此同时，对实证结果进行影响机理分析，厘清研究对象之间的传导机理。④在理论研究和实证研究结论的基础上提出相应的政策建议，指出本书仍存在的研究局限并对未来研究作进一步的展望。

二、研究内容与框架

基于本书的研究思路，本书主要分为七个章节，具体内容包括导论、文献综述、现状分析、理论与实证分析、研究结论与政策建议等。具体的技术路线如图1-1所示。

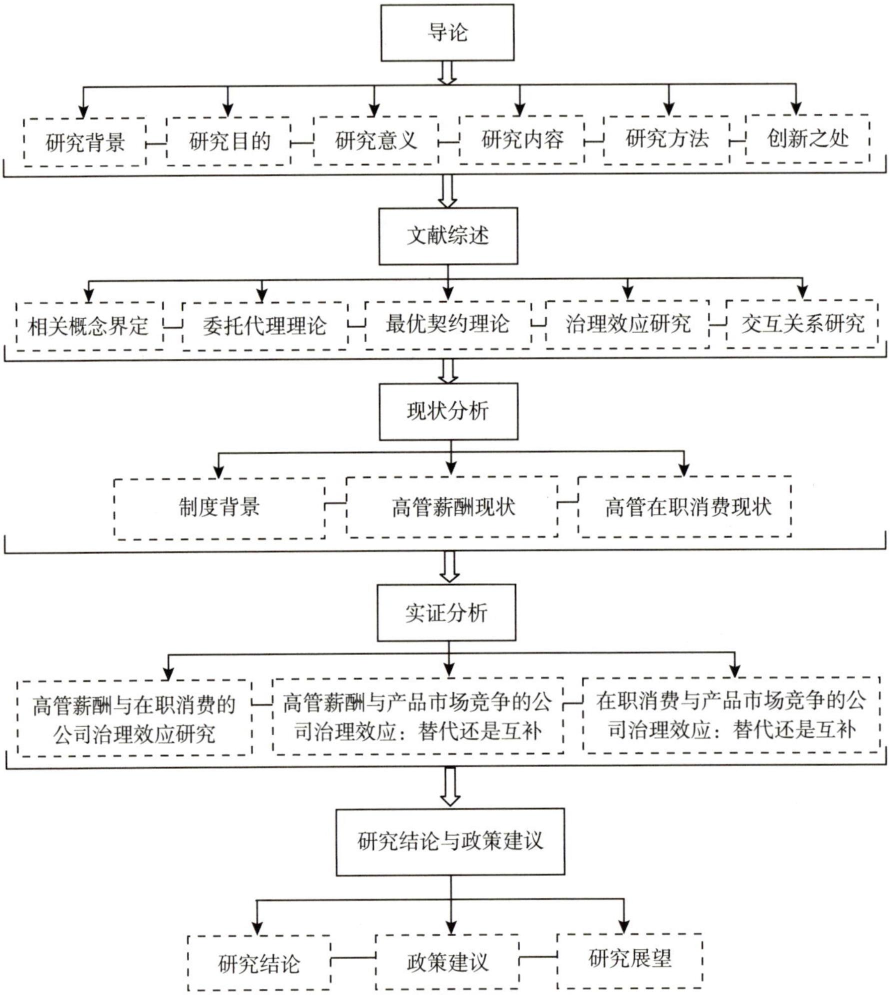

图1-1 技术路线

各章节的详细内容安排如下：

第一章导论。主要介绍本书的选题背景、选题目的和意义、研究思路、研究内容和框架、研究方法以及本书的创新之处。

第二章文献综述。首先对本书的研究主题所涉及的关键词进行概念界定和指标衡量分析；其次着重追踪和梳理与本书选题相关的国内外理论与实证文献，其中，理论文献方面集中于梳理公司治理理论，而实证文献则围绕高管薪酬、在职消费、产品市场竞争等机制的公司治理效应进行梳理。最后通过文献的回顾进行简要述评，着重分析现有文献已实现的贡献、尚且存在的不足，再引出本书的切入点。

第三章制度背景与上市公司高管薪酬、在职消费现状分析。本章将首先介绍中国上市公司薪酬制度改革的演变历程和薪酬契约设计的发展历程，其次通过数据并结合图表的形式对中国上市公司高管薪酬和在职消费的特征性事实进行描述性统计分析，并归纳总结出目前主要存在的问题。

第四章高管薪酬与在职消费的公司治理效应研究。本章主要探讨高管薪酬与在职消费这两种机制的公司治理效应，首先通过理论分析提出研究假设。其次构建计量模型对研究假设进行验证，并且在实证分析的过程中厘清在职消费的"代理观"与"效率观"。最后通过进一步的研究，分析高管薪酬与在职消费的公司治理效应是否会受到公司产权性质差异的影响。

第五章高管薪酬与产品市场竞争的公司治理效应：替代还是互补。本章同时基于产品市场竞争和产权差异双重视角，探讨高管薪酬激励机制与产品市场竞争机制之间关于公司治理效应的相互关系。首先通过构建一个简单的委托—代理模型，分析高管薪酬激励与产品市场竞争在公司治理效应方面的联系；其次构建相应的计量模型对理论推导得出的命题进行验证，并进一步地研究高管薪酬与产品市场竞争之间关于公司治理效应的相互关系是否受企业产权性质差异的影响；最后分析高管薪酬与产品市场竞争机制之间的影响机理。

第六章在职消费与产品市场竞争的公司治理效应：替代还是互补。本章同时基于产品市场竞争和产权差异双重视角，探讨高管在职消费与产品市场竞争之间关于公司治理效应的相互关系。首先构建一个包含在职消费的最优契约模型，分析在职消费与产品市场竞争这两种机制在公司治理效应方面的联系；其次构建相应的计量模型进行实证分析，并进一步研究高管在职消费与产品市场竞争之间关于公司治理效应的相互关系是否会受到公司产权性质差异的影响；

最后分析高管在职消费与产品市场竞争机制之间的影响机理。

第七章研究结论与政策建议。本章首先总结前文关于理论与实证的主要研究结论，再通过结论提出相应的政策建议，最后指出本书存在的研究不足并对未来研究进行展望。

第三节　研究方法

本书综合运用产业组织理论、博弈论、微观经济学、管理学、公司金融学、心理学等多个学科的基本理论与原理，对中国上市公司高管薪酬和在职消费的公司治理效应进行了深入研究，综合运用了文献分析法、定性分析与定量分析相结合、理论分析与实证分析相结合以及比较分析法等研究方法。

一、文献分析法

文献分析法是一种有效的信息收集方法，通过收集和整理文献，可以快速把握研究领域的研究现状。首先，对研究主题所涉及的高管薪酬、在职消费、产品市场竞争、产权性质等关键词的研究文献进行梳理，初步界定本书中关于这些关键词的概念和衡量方法；其次，通过文献追踪梳理经典的公司治理理论，为下文理论模型的构建奠定理论基础；再次，进一步对研究主题的现有文献进行综述；最后，对上述文献进行简要评述，分析出既有文献已取得的成果、尚且存在的不足以及未来的研究空间等。

二、定性分析与定量分析相结合

在应用研究中，定性分析与定量分析相互统一、相互补充。定性分析为定量分析提供了理论支持，定量分析则为定性分析提供了数据支持，两种方法相结合使研究结论更加科学和准确。本书在对产权理论、交易费用理论、委托—代理理论、信息不对称理论、最优契约理论、管理层权力理论等经典理论进行分析的基础上构建了符合本书研究主题的数理模型分析框架，进而选择中国上市公司的大样本微观数据进行实证研究，所获得的研究结论既有理论基础，也有经验证据支持，结果更具科学性和可靠性。

三、理论分析与实证分析相结合

首先，为研究高管薪酬与产品市场竞争、高管在职消费与产品市场竞争等之间关于公司治理效应的相互关系，本书基于委托—代理理论和最优契约理论构建了包含高管薪酬、在职消费与产品市场竞争的理论框架，借此对各种机制之间关于公司治理效应可能存在的相互关系进行推导。其次，在理论分析的基础上，为检验中国上市公司高管薪酬与在职消费的公司治理效应、高管薪酬与产品市场竞争之间关于公司治理效应的相互关系、高管在职消费与产品市场竞争之间关于公司治理效应的相互关系等，本书采用实证研究的方法构建计量模型，并综合运用最小二乘法估计（OLS）、固定效应估计（FE）、随机效应估计（RE）、面板工具变量估计（Panel-IV）等多种回归方法进行实证分析。

四、比较分析法

首先，本书在对中国上市公司高管薪酬的现状进行描述性统计分析的过程中运用了比较分析法，通过比较分析不同行业、不同产权性质、不同内部治理水平公司的高管薪酬的特征性事实来总结归纳出目前中国上市公司高管薪酬在水平和结构等方面所存在的问题；其次，本书分别从产品市场竞争和产权性质两个视角探讨了中国上市公司高管薪酬与在职消费的公司治理效应，在研究的过程中比较分析了处于不同竞争程度的公司、具有不同产权性质的公司，其高管薪酬与在职消费的公司治理效应是否存在显著差异。

第四节 创新之处

一、研究视角创新

本书基于产业经济学的视角研究公司金融问题,这样的交叉领域研究使整体研究设计更加细致和严谨,研究结论也具有较强的现实意义。在该视角的基础上,本书同时选择产品市场竞争和产权性质的双重视角考察上市公司高管薪酬与在职消费的公司治理效应。事实上,关于高管薪酬和在职消费的公司治理效应问题既涉及市场环境、政府政策等宏观层面的影响,同时也受到公司内部其他监管机制、公司规模、行业差异、地域差异等微观层面的影响。所以,本书的内容设计和思路导向兼顾了宏观视角与微观视角。

二、研究方法创新

本书运用产业组织领域中关于企业间在产品市场上相互竞争的理论知识,构建数理模型以便能够从理论上分析公司高管薪酬与产品市场竞争、高管在职消费与产品市场竞争等机制之间关于公司治理效应的相互关系,再运用大样本数据进行实证检验,做到既有理论层面的研究,又兼具经验层面的支撑,使研究结论更具科学性。目前,将产业组织理论模型应用于公司金融问题的分析尚属鲜见,与此同时,关于公司高管在职消费问题的理论研究亦非常缺乏。所以,本书研究方法的选取颇有新意。

三、研究内容创新

相较于现有文献,本书具有更加丰富的研究内容,具体表现在以下几个方面：①梳理中国上市公司的薪酬制度演变历程，分析高管薪酬和在职消费的现状和特征性事实。②将高管显性激励与隐性激励纳入统一的分析框架，探讨上市公司高管薪酬与在职消费的公司治理效应，厘清了在职消费的"效率观"和"代理观"，同时发现两种机制之间存在一定的替代关系。③基于委托—代理理论和最优契约理论构建关于高管薪酬与产品市场竞争的理论模型，进而采用实证分析法研究上市公司高管薪酬与产品市场竞争两种机制间关于公司治理效应的交互关系。④将高管在职消费引入委托—代理分析框架中，研究高管在职消费与产品市场竞争两种机制间关于公司治理效应的交互关系。⑤厘清高管薪酬显性激励机制、在职消费隐性激励机制分别与外部产品市场竞争机制之间关于公司治理效应的互动机理。

第二章 文献综述

第一节 概念界定与指标衡量

一、高管薪酬

东西方的文化差异使学界对高管范围和内涵的界定存在明显区别。西方国家的上市公司主要以 CEO 为主导,CEO 拥有绝对的控制权,而 CEO 底下的管理者股权结构相对分散。因此,国外学者对高管的范围一般限定为以 CEO 为核心的管理团队,不涉及董事会或者监事会成员。

根据中国《公司法》第二百一十六条的定义:"上市公司高级管理人员是指公司的经理、副经理、财务负责人、董事会秘书和公司章程规定的其他人员。"由此,国内学者对高管的定义常分为三类:第一类是从广义的角度,将公司年报所披露的高管、董事、监事等均纳入高管团队进行研究(陈冬华等,2005);第二类是从狭义的角度,将《公司法》所定义的 CEO、总经理、CFO、董事会秘书、其他高级管理人员,但不包含董事会和监事会成员等归为高管团队的研究范畴(林浚清等,2003);第三类的界定更为狭义,仅将董事长和总经理列为高管(杜胜利和翟艳玲,2005)。

借鉴国内外相关研究对高管的定义，综合考量中国上市公司年报中关于高管薪酬的信息披露情况，本书将中国上市公司高级管理层界定为负责公司日常经营管理，掌握着公司重要运营信息的高级管理者，包括CEO、CFO、总裁、副总裁、董秘、总经理、副总经理以及其他高级管理人员，但排除担任监督职能的董事会成员和监事会成员。

作为工作的回报，国务院国有资产监督管理委员会、董事会或者薪酬委员会等职能部门①将根据高管的职位、高管各自担负的职责、高管的业绩表现等量身制定一份薪酬契约，以激励高管能够真正为公司和股东谋利益。如表2-1所示，高管薪酬存在广义和狭义之分，广义的高管薪酬契约主要由显性激励和隐性激励组成，前者包括短期薪酬和长期薪酬，后者包括政治晋升、职业激励②、在职消费、福利待遇等其他薪酬；狭义的高管薪酬仅指广义薪酬中的短期薪酬部分，亦即高管的固定底薪与绩效薪酬之和。考虑到中国目前上市公司股权激励计划暂未全面普及，高管持股比例低、"零持股"等现象还较为普遍，并且政治晋升、职业激励等非物质因素难以准确量化等因素限制，本书所定义的高管薪酬仅指狭义的短期薪酬。事实上，多项研究都表明高管在较大程度上倾向于对货币薪酬的追求和满足，短期薪酬在整个激励体系中占据着最为关键的地位。结合实际情况，本书选择高管短期薪酬作为研究对象具有一定的现实意义。

表2-1 高管薪酬结构及其成分构成

类型	成分构成
广义薪酬	短期薪酬+长期薪酬+其他薪酬
狭义薪酬（短期薪酬）	固定底薪+绩效薪酬
长期薪酬	长期激励计划+股票期权+限制性股票
其他薪酬	在职消费+福利待遇+其他非货币性收入

---

① 国有企业高管人员的薪酬主要由国务院国有资产监督管理委员会确定，民营企业高管人员的薪酬一般由董事会或者薪酬委员会制定。

② Tirole（2001）指出，就算没有奖金或股权等显性激励，管理层自身的职业规划也是一种隐性激励，因为试图谋求终身职位的经理会尽最大的努力去管理公司。

第二章 文献综述

关于高管货币薪酬指标的选取,学界普遍的做法是以上市公司年报中披露的"薪酬最高前三名高管薪酬总额"取自然对数或者将平均薪酬取自然对数作为衡量指标(辛清泉等,2007;Albuquerque,2009;罗昆和范琼琼,2016);而在稳健性检验中较多采用公司年报中披露的"薪酬最高前三名董事薪酬总额"的平均薪酬取自然对数衡量(方军雄,2009)。

表2-2归纳总结了主流文献关于高管货币薪酬较为常用的衡量指标。

表2-2 高管薪酬衡量指标

衡量指标	参考文献
"薪酬最高前三名高管薪酬总额"的自然对数	熊剑和王金(2016);许丹(2016);权小锋等(2010);吴育辉和吴世农(2010);辛清泉等(2009)
"薪酬最高前三名高管薪酬总额"的平均薪酬的自然对数	Aggarwal和Samwick(1999b);Albuquerque(2009);方军雄等(2016);孙林和李维安(2016)
"薪酬最高前三名董事薪酬总额"的平均薪酬的自然对数	方军雄(2009)

资料来源:笔者整理。

二、在职消费

在职消费一般是指企业高管人员,尤其是国有企业管理层,利用职务之便和工作需要所获得的除正常工资报酬之外的额外收益,包括公款餐饮娱乐、豪华办公室、专用交通工具、豪华住房津贴、公费报销等一系列公款消费行为。这种在职消费现象在上市公司尤其是国有上市公司中非常普遍。一方面,由于股东并没有和管理者明文签订在职消费额度的契约,极容易滋生滥用现象,损害公司利益;另一方面,在制度创新尚未真正成熟前,在职消费作为高管一种自我激励的方法,本身具有一定的合理性。

目前,主流文献对高管在职消费行为的研究主要从代理理论和效率理论这两个方面进行。基于效率理论(激励)的在职消费与基于代理理论(代理成本）的在职消费相互交织，难以有效分离出来，使得不能单纯定义哪种理论观点是正确的。但事实上，目前关于在职消费研究的主流理论还是代理理论。重要的是，在职消费的效率理论与代理理论的均衡取决于公司内部治理和外部治理机制的联合有效性。

由于在职消费实质上是一种隐性的激励契约，其在实践中与公司正常的管理费用相互交织，很难有效区分，因此目前并没有特别精确的度量指标，在技术上也尚未形成较好的关于在职消费水平的估计方法。学界较多借鉴陈冬华等（2005）的做法，通过查阅中国上市公司年报附注中"支付其他与经营活动有关的现金流量"项目，将在职消费的内容限定为"办公费、差旅费、业务招待费、通信费、出国培训费、董事会费、小车费和会议费共八项费用之和"，但由于部分项目的费用支出有明确的制度规范条例，这种方法可能存在较大的测量误差（冯根福和赵珏航，2012；黎文靖和池勤伟，2015）；与此同时，虽然这些明细项目在公司账务报表附注中披露，但由于信息披露不甚完备，样本筛选中会导致样本大量损失，不利于样本的全面性。Chang（1993）将高管在职消费定义为企业投资的最优支出水平与高管决策所作出的实际支出水平的差额，然而企业投资的最优支出水平主观性较强，现实中难以具体衡量。Cai等（2011）、黎文靖和池勤伟（2015）直接采用业务招待费作为高管在职消费的替代变量，然而，高管并不仅仅从业务招待方面获得在职消费，因此，这种度量方法会大大地降低高管在职消费水平，造成较大的计量和统计偏差。

此外，也有一些学者采用相对值的方法衡量在职消费。譬如，Ang等（2000）、李寿喜（2007）、罗进辉和万迪昉（2009）、吴冬梅和庄新田（2010）、陈晓珊（2016a）等采用管理费用率（即管理费用/主营业务收入）衡量在职消费。Singh和Davidson（2003）认为，企业的销售管理费用包括出差补偿费、办公设施费、广告费、客户接待费等，这些成本在一定程度上近似刻画高管可以任意处置的花费；特别地，高管可能利用广告费用来掩饰在职消费的支出，因此采用销售管理费用率［（销售费用+管理费用）/主营业务收入］衡量管理层在职消费。也有学者采用总资产费用率（管理费用/资产总值）刻画在职消费水平（王满四，2006）。而李宝宝和黄寿昌（2012）、耿云江和王明晓

（2016）等则通过构建计量模型测算管理层的在职消费。

表2-3归纳总结了主流文献关于高管在职消费较为常用的衡量指标。

表2-3 在职消费衡量指标

衡量方法	衡量指标	参考文献
绝对值法	年报信息披露的八项费用之和，即"办公费+差旅费+业务招待费+通信费+出国培训费+董事会费+小车费+会议费"	陈冬华等（2005）
	八项费用之和/主营业务收入	卢锐等（2008）
	年报信息披露的六项费用之和，即"办公费+差旅费+业务招待费+通信费+董事会费+小车费"	张力和潘青（2009）
	现金流量表中披露的"支付其他与经营活动有关的现金流量"取自然对数	陈震和丁忠明（2010）
	"管理费用-董事、高管、监事会成员的薪酬-计提的坏账准备-存货跌价准备-当年的无形资产摊销额等"	权小锋等（2010）；刘志强（2015）
	构建经验估计模型	李宝宝和黄寿昌（2012）、耿云江和王明晓（2016）
	管理费用——高管薪酬	王兵等（2009）
	业务招待费	Cai等（2011）、黎文靖和池勤伟（2015）
相对值法	管理费用率（管理费用/主营业务收入）	Ang等（2000）、李寿喜（2007）、陶萍等（2016）
	销售管理费用率〔（销售费用+管理费用）/主营业务收入〕	Singh和Davidson（2003）、树友林（2011）
	总资产费用率（管理费用/资产总值）	王满四（2006）

资料来源：笔者整理。

三、产品市场竞争

经济学意义上的"竞争"是指不同的利益相关体为了某种目标而采取的排他行为，并且这些利益相关体之间既相互制约又相互对立。按照微观经济学的定义,根据竞争所涉及的手段、主体关系、行业性质、企业性质、市场性质、市场结构等可以将市场上的竞争分为产量竞争、价格竞争、消费者间的竞争、销售者间的竞争、行业间的竞争、行业内的竞争、国有企业间的竞争、国有企业与非国有企业之间的竞争、产品市场的竞争、要素市场的竞争、垄断竞争、寡头垄断竞争、完全竞争、不完全竞争等。

需要明确的是,本书仅探讨产品市场的竞争。根据产业组织理论的定义,产品市场竞争是指公司主营业务所在的同一行业中生产或者销售存在一定替代性或差异性的产品或服务的企业,为了获取客户、原材料、劳动力等同种资源而展开的较量过程或者争夺行为。从公司治理理论来看,这种产品市场竞争能够为股东和管理层提供价格信号,是一种有效的公司外部治理机制。

一般而言,公司外部市场治理机制包括经理人市场、资本市场约束、政府法规法令、媒体关注等市场监督机制,以及产品市场竞争激励机制。由于中国目前正处于经济转型升级进程中,尚且缺乏较为完备的法律环境和法规制度,而产品市场竞争能够给公司所有者传递部分市场信息,因此现有文献所讨论的公司外部治理机制一般是指产品市场竞争,并且学界更多的是将其看作是一种连接公司内部环境和外部环境的桥梁。

关于产品市场竞争机制的公司治理效应,蒋荣和陈丽蓉(2007)认为,产品市场竞争机制发挥公司治理作用的机理在于通过"价格信号"和"破产威胁"对管理层发挥有效的监督作用。Parrino(1997)指出,产品市场竞争有助于判定管理层的努力程度,即当同行业中同质企业较多时,管理绩效较差的管理层更容易被识别出来。Defond 和 Park(1999)研究发现,董事会采用相对业绩评价机制(Relative Performance Evaluation,RPE)来制定高管薪酬契约更有助于识别高管是否称职,并且产品市场竞争的激烈程度也有助于强化这种 RPE 机制的有效性。Goyal 和 Park(2002)的研究充分肯定了产品市场竞争能够发挥有效的公司治理效应。

在现代产业组织理论中,关于如何衡量产品市场竞争至今仍未有统一的结论。从文献总结来看,主要有以下两个层面的衡量指标:

一是行业层面指标。行业层面指标包括行业内企业数目、赫芬达尔—赫希曼指数（HHI）、市场集中度（CRn）、交叉价格弹性、市场份额法等。国外学者在实际的应用研究中普遍采用市场集中度指标 CR_4 衡量市场竞争状况，部分学者还使用"外国竞争企业在本国某行业内所占的市场份额"指标衡量产品市场竞争，相关文献参见 Giroud 和 Mueller（2010）、Valta（2012）等。而国内学者较多采用企业数目、HHI 等指标衡量产品市场竞争。例如，刘志彪等（2003）同时采用三个指标衡量产品市场竞争，分别为行业内企业数目、HHI、企业销售额对竞争企业竞争行为的敏感度；伊志宏等（2010）、姜付秀等（2009）则均同时采用企业数目和 HHI 衡量产品市场竞争。蒋荣等（2007）、刘志强（2015）、王诗雨和陈志斌（2017）等学者仅采用 HHI 进行刻画；陈震和汪静（2014）采用 HHI 的倒数进行衡量；胡一帆等（2005）采用"总经理认为与其主营业务具有竞争关系的竞争者数量"和"总经理认为会与其主要产品形成竞争的新进入者潜在的市场进入成本"两个指标刻画产品市场竞争；牛建波和李胜楠（2008）、刘金岩和牛建波（2008）等均采用市场份额法（主营业务收入占同行业总收入的比例）来衡量产品市场竞争；Irvine 和 Pontiff（2009）则构造了一个营业额指数衡量产品市场竞争，其计算方法为：（新进入企业的市场价值+退出企业的市场价值）/总的行业市场价值；肖作平（2005）、姜付秀和刘志彪（2005）等采用竞争对手的敏感度指标刻画产品市场竞争的激烈程度，其计算方法为：（单个企业销售额的变化量-行业平均销售额的变化量）/该企业销售额的均值。除此之外，Li（2010）、陈信元等（2013）基于主成分分析方法分别从潜在竞争威胁、现存竞争者竞争与行业盈利水平三个维度选取相关指标刻画产品市场的竞争情况。

二是企业层面指标。企业层面指标包括垄断租金、主营业务利润率、存货周转率、勒纳指数、应收账款周转率等。前文关于产品市场竞争的行业层面指标中，行业内企业数目指标对于产品市场竞争的刻画较为粗糙，因为其无法真正反映单个微观企业所面临的竞争压力；市场集中度是指行业中最大的 n 家企业的产出占全行业总产出的比重，事实上该指标难以准确反映企业间行为的相互影响（Elzinga 和 Mills，2011），因此难以有效刻画企业间的竞争程度，并且由于非上市公司的数据可获得性非常受限，单纯采用上市公司的数据去测算市场集中度，会使得结果出现较大偏差。HHI 指标也存在类似市场集中度指标的问题，由于其计算涉及某个行业内全部企业的销售额数据，但中国目前尚无完善的数据库可以使用，上市公司仅占行业内全部企业的较小比例（张功富，2008），因此单纯依据上市公司的销售数据计算 HHI 会与实际的竞争程度产生较大的偏差，近年来该指标的有效性也不断受到质疑（陈信元等，2013）。此外，由于企业定价信息难以获取的问题，使得交叉价格弹性指标也难以有效践行。市场份额法更多的是用来刻画企业的市场势力。

为了避免行业层面指标固有的弊端，学者们试图从微观企业的营利性角度发掘相应的企业层面指标。李维安和韩忠雪（2013）、韩忠雪和周婷婷（2011）等认为，通过企业绩效指标衡量某个企业在市场中的垄断地位可以间接判断该企业所在市场的竞争程度，他们据此提出垄断租金的衡量指标，该指标越高代表该企业所在市场的竞争程度越低。垄断租金的计算方法为：（企业税前利润+当年折旧额+财务费用−资本总额×加权平均资本成本）/销售总额。

部分学者则认为，处于竞争程度相对较不激烈市场上的企业可能为了获取高额利润而以高于边际成本的价格出售产品。由此可见，产品的销售利润率与企业面临的市场竞争程度刚好呈现反向关系。事实上，企业的主营业务利润率（企业净利润/企业主营业务收入）衡量了企业每单位主营业务收入所带来的利润，可以有效地评价企业主营业务的经营效益。同一市场中，通过比较企业间的主营业务利润率可以间接判断产品市场的竞争激烈程度。Nickell（1996）指出，企业的主营业务利润率可以视为企业在其所在的产品市场中能够获得的"垄断租金"，垄断租金越高意味着企业进入成本越高，从而市场竞争程度就越低；Randøy 和 Jensen（2004）指出，主营业务利润率不仅反映外部市场的竞争程度，同时也反映了企业长期运营的结果，这种指标与公司治理更贴切。Grosfeld 和 Tressel（2002）、Januszewski 等（2002）均使用调整后的息税前利润（Adjusted-EBIT）指标衡量产品市场竞争。Bain（1941）、Nickell（1996）、Randøy 和 Jensen（2004）以及国内学者施东辉（2003）、姜付秀等（2008）、张樱（2017）等均采用企业的主营业务利润率衡量产品市场竞争。此外，姜付秀等（2008）认为，产品市场竞争激烈伴随着企业较低的存货周转速度和应收账款周转速度，因此也可以采用存货周转率和应收账款周转率来反映产品市场竞争，并且这两个指标都是竞争的反向指标。

产业组织的文献中还存在一个度量企业定价能力的指标，即勒纳指数，或者称为价格—成本边际（其刻画了企业的产品价格与边际成本的偏离程度），该指标较好地反映了企业的垄断势力，同时也刻画了行业内企业间产品的异质性程度（Lerner，1934；Karuna，2007）。Lerner 于 1934 年首次提出关于企业垄断势力的衡量方法，即勒纳指数，其计算公式为：

$$L = \frac{P-C}{P}$$

其中，P 为企业的市场价格，C 为企业的边际生产成本；式中的 P-C 刻画了企业的价格与其边际成本的偏离程度，勒纳指数随着该差值的增大而增大，因此，勒纳指数反映了企业的垄断势力，是市场竞争的反向指标。由于勒纳指数中关于企业的价格和边际生产成本在经验研究中难以有效刻画，该指数提出之后的应用一度停留于理论研究中。近年来，关于勒纳指数的度量难点被逐渐攻克。Griffith（2001）研究发现，平均可变成本可以看作是边际成本的一个较好的近似替代，在该强假定下，勒纳指数的计算方法可以设定为：

$$Lerner_{it} = \frac{P_{it}Q_{it} - AVC_{it}Q_{it}}{AVC_{it}Q_{it}}$$

其中，$P_{it}Q_{it}$ 表示总产出，$AVC_{it}Q_{it}$ 表示总成本。关于上述公式的应用，在经验研究中，学者们普遍采用上市公司的主营业务收入替代总产出，以主营业务成本替代总成本进行计算（牛建波和李维安，2007）。勒纳指数被认为是衡量产品市场竞争的较佳指标，其代表性文献有 Aghion 等（2012）、吴昊旻（2011）、韩忠雪和周婷婷（2011）、Griffith（2001）、Nevo（2001）、Demsetz（1997），等等。

在上述文献之余，还有学者采用公司的营业利润（折旧加息税前利润）占销售额（主营业务收入）的比重刻画勒纳指数（Aghion 等，2005；Peress，2010；Chou 等，2011）。与此同时，Boone（2008）还构造了另外一个 Boone 指数来衡量产品市场竞争程度。Boone 指数刻画的是企业边际成本对市场份额的边际效应。该文的建模思想是：同个市场上具有更高生产效率的企业应该获得更多的市场份额，因此，当企业的边际成本对企业所占有的市场份额影响越大时表明该市场的竞争越强烈。换言之，Boone 指数与市场竞争程度负相关。此外，国内也有研究采用公司销售费用或管理费用与主营业务收入的比值来间接衡量公司间的竞争程度，代表性文献为肖作平 2005 年发表的《公司治理结构对资本结构类型的影响》。肖作平（2005）同时采用营业费用与主营业务收入的比例、管理费用与主营业务收入的比例以及竞争对手敏感度三个指标刻画产品市场竞争程度。

表 2-4 归纳总结了主流文献关于产品市场竞争较常用的衡量指标。

表 2-4 产品市场竞争衡量指标

层次	衡量指标	参考文献
行业层面指标	赫芬达尔-赫希曼指数（HHI）	刘志强（2015）、王诗雨和陈志斌（2017）
	HHI 的倒数（1/HHI）	陈震和汪静（2014）
	市场集中度（CR_4）	Giroud 和 Mueller（2011）、Valta（2012）
	熵指数（EI）	吴昊旻等（2012）
	行业营业额指数	Irvine 和 Pontiff（2009）
	行业内企业数目	姜付秀等（2009）
	市场份额（主营业务收入/同行业总收入）	牛建波和李胜楠（2008）、刘金岩和牛建波（2008）
	竞争对手敏感度	肖作平（2005）、姜付秀和刘志彪（2005）
	主成分分析方法	Li（2010）、陈信元等（2013）
企业层面指标	垄断租金	李维安和韩忠雪（2013）
	勒纳指数（价格-成本边际）	Aghion 等（2012）、Griffith（2001）、Nevo（2001）、Demsetz（1997）
	Boone 指数	Boone（2008）
	主营业务利润率（净利润/主营业务收入）	Bain（1941）、Nickell（1996）、牛建波和李维安（2007）、张樱（2017）
	营业利润/销售额	Aghion 等（2005）、Peress（2010）
	存货周转率、应收账款周转率	姜付秀等（2008）、王东清和刘艳辉（2016）
	销售费用（或管理费用）/主营业务收入	肖作平（2005）

信息来源：由笔者整理。

四、产权性质

在产品市场上,企业作为经济主体,彼此间存在竞争关系。科斯在《企业的性质》一文中明确表达了企业在市场活动中为何作为基本组织单位而存在。企业的产权性质是企业所有制关系的法律表现形式,换句话说,企业的产权性质亦即企业的组织形式。根据企业的注册形式、组成人员、责任划分等可以将企业划分为国有企业、民营企业、中外合资企业、外商独资企业、个人独资企业、股份制企业等。现代公司制度的建立使股份制公司成为目前经济中最主要的企业组织形式,它可以通过招股集资的方式获得周转资金,并且公司所有权属于所有股东所有,分散了风险,但是这种组织形式实行所有权与经营权的分离,不可避免地会产生委托—代理问题,因此这种股份制公司就是本书主要关注的对象,尤其是国有控股的股份制公司。

中国目前暂未实现完全的市场化经济,在经济的转型时期中国坚持以国有经济为主导,同时多种所有制经济共存,使得政府主导经济增长的"半市场经济"特征非常明显。国有企业掌握着国民经济命脉,长期处于政府的控制下,呈现一种"半政府工具、半市场主体"的状态(陈清泰,2014;陈晓珊,2017d);与此同时,不同于其他所有制形式的企业,国有企业有着更加复杂的委托—代理关系。因此,研究国有上市公司的管理层激励具有重要的意义。

考虑到数据可得性和样本容量,本书仅考虑两种产权性质的企业,分别为国有企业和民营企业,并且对于企业产权性质的界定依据上市公司的最终控制人性质来判断,如果上市公司的最终控制人为各级政府,则确定为国有企业;如果上市公司的最终控制人为个人,则确定为民营企业。借鉴主流文献的做法,本书对上市公司产权性质的衡量主要是设置产权性质的0~1虚拟变量,将国有上市公司的产权性质取值为1,民营上市公司的产权性质则取值为0。

第二节 理论基础

关于公司治理的问题最早由 Berle 和 Means（1932）提出，他们认为，公司所有权的高度分散导致管理层成为公司的实际控制者，但是这些管理者并未真正对股东负责。Jensen 和 Meckling（1976）在 Berle 和 Means（1932）的基础上运用委托—代理理论对该问题进行了进一步挖掘，发现这种所有者与管理者目标不一致的情况下存在明显的代理冲突，并且管理者存在明显的在职消费现象。目前，对高管薪酬和在职消费进行研究的相关经济理论主要包括产权理论、交易费用理论、委托—代理理论、信息不对称理论、最优契约理论以及管理层权力理论等。

一、产权理论

著名的经济学家罗纳德·哈里·科斯（Ronald H. Coase）是产权理论（Theory of Property）的奠基者，他引入了交易费用的概念，又强调了产权明晰的重要性，其关于产权理论的思想主要体现在其于 1937 年发表在《经济学家》杂志上的《企业的性质》（The Nature of the Firm）和 1960 年发表在《法学与经济学》杂志上的《社会成果问题》（The Problem of Social Cost）两篇文章中。科斯提供了一种新的分析思路，即在经济运行过程中或者企业组织的交易过程中如何实现交易费用的最小化。"产权"概念界定了各经济主体关于权利、责任、义务的内容和边界，并且这里所指的企业产权，可以分为经营权、最终决定权以及剩余财产所有权等几个部分。

具体而言，现代公司产权包括"剩余索取权"和"控制权"。"剩余索取权"掌握在公司所有者手中，而"控制权"中的"特指控制权"由公司所有者通过契约委托给管理层行使，"剩余控制权"则由所有者拥有。这种分配机制下,所有者与管理层的利益难以趋向一致。管理层非常有可能利用其所拥有的"特指控制权"来攫取私人利益,或者寻求权利的进一步扩张。

借助产权理论的思想推动国有企业的改革十分重要。国有企业作为政府长期调控宏观经济的载体,相较于其他所有制类型的企业而言,其有着更为复杂的委托—代理冲突,而产生这些代理问题的根本原因就在于国有企业的产权界定不清晰所致,模糊的产权容易导致市场交易出现矛盾。因此,中国国有企业改革的重点就在于如何清晰地界定产权,降低企业的运行成本和交易成本。综上所述,科斯的产权理论为企业制度设计提供了一种新的分析视角和思路,即从企业的产权出手,通过清晰、合理、明确地界定产权以实现资源的有效配置,降低代理成本和交易成本,进而实现企业的有效运行和长期发展。

二、交易费用理论

交易费用理论(Transaction Cost Theory)是一种研究经济组织的比较制度理论,它以交易为基本的分析单位(王洪涛,2004)。完整的交易费用理论体系奠定了整个现代产权理论的基础。从该理论的发展历程看,科斯于1937年在《企业的性质》一文中首次提出"交易费用"的思想,但是他并没有对交易费用进行明确的界定。后来经新制度经济学派的代表人物、著名经济学家奥利弗·威廉姆森(Oliver E. Williamson)的拓展,较为完整的交易费用理论体系得以产生。因此,威廉姆森对推动交易费用理论发展的贡献不可磨灭。

具体而言,科斯在《企业的性质》一文中指出,"交易费用的存在导致企业组织的出现",但是他并未对这种交易费用的概念进行深入的分析。威廉姆森在1979年发表的论文中将经济组织之间的交易费用明确划分为事前和事后两种,事前的交易费用包括交易方搜寻费用、谈判费用、合同起草费用、执行费用等,而事后的交易费用包括合作过程中可能发生的应变费用、运转费用、约束费用等,推动了交易费用真正成为一种分析工具。此外,威廉姆森在1975年出版的《市场与科层》、1985年出版的《资本主义经济制度》、1996

年出版的《治理机制》等著作中均对交易费用这种分析方法进行了详细说明，推动了交易费用理论的跨越式发展。

交易费用理论不仅在企业研究中起到了非常重要的理论引导作用，而且提供了经济分析思路和工具，其打破了理想世界中企业之间的交易行为不存在交易费用的构想，将企业的交易行为引向存在正交易费用的现实世界，对企业组织的行为有了更强的解释力。从制度经济学的角度，交易费用理论适用于解释所有的契约关系和交易行为。

三、委托—代理理论

委托—代理理论（Principal-agent Theory）是指委托人与代理人分别基于自身效用最大化目标而缔结的代理人必须代替委托人采取某些行动的契约关系。该理论由 Jensen 和 Meckling（1976）提出，最早见于《企业理论：管理行为、代理成本及其所有权结构》一文中。这种委托—代理关系在生活中非常普遍，存在信息不对称的双方所缔结的契约都存在委托—代理关系。

现代公司制度中由于企业的所有权与经营权相分离，使得企业所有者与实际的管理者之间存在信息不对称。企业所有者处于绝对的信息劣势，无法完全监督管理者的行为，可能会面临管理者的道德风险行为，导致利益受损，由此引发了委托—代理问题。在企业所有者与管理者的委托—代理关系中，企业所有者处于信息劣势地位，是委托人；而企业管理者享有信息优势，是代理人，并且为了降低代理成本，委托人与代理人会签订一份激励契约，以约束双方的利益保持一致，由此发展为最优契约理论。

四、信息不对称理论

信息不对称理论（Asymmetric Information Theory）是由美国经济学家阿克尔洛夫（Akerlof）于1970年在"次品问题"一文中提出的"信息市场"概念并经由斯蒂格利茨等多位学者共同完善发展而来。该理论打破了原本经济行为中对"经济人"拥有完全信息的假设，揭示了不完全信息在现实经济活动中的存在性。在市场交易中，双方如果拥有着不对等的信息，处于信息优势地位的一方可能存在道德风险（Moral Hazard）行为，而处于信息劣势地位的一方可能存在逆向选择（Adverse Selection），这些都不利于交易的开展。

具体而言，道德风险是指事后的信息不对称会使处于信息优势地位的一方将所掌握的信息加以隐藏，通过改变自己的做事方法进而造成损害对方利益的行为。譬如，公司所有者与管理层之间的代理问题、大股东与中小股东之间的代理问题等都是因信息不对称所引发的道德风险行为。逆向选择的概念是由阿克尔洛夫在研究二手车市场的交易情形时首次提出的，他认为在二手车的交易市场上，二手车的卖方相较于买方而言掌握着更加详细和充分的信息，譬如该二手车的性能和质量等，这种信息的不对称使得二手车的买方会以市场均值来评估该车的价值，导致买到的二手车价格偏离市场平均水平，进而产生"劣币驱逐良币"的现象，即质量和性能高于平均水平的二手车滞销，而质量和性能低于平均水平的二手车畅销。上述即为"柠檬市场"模型的原理，它反映了因交易双方的信息不对称所引发的逆向选择问题会导致市场效率低下。

在公司内部，股东与管理层双方之间存在信息不对称，股东只能观察到经营的结果，并不能直接观察到管理层行为本身的努力程度，管理层作为公司的实际经营者，掌握的信息明显多于股东。由于信息的不对称，股东与管理者所签订的合约是一种不完全契约，在很大程度上，公司的投资是否面临风险依赖于管理层的道德自律，作为理性的经济人，管理层往往作出有利于自身利益最大化的决策，从而使股东面临道德风险和逆向选择（李维安，2005）。其中，道德风险比如在职消费、采取不利于企业利益的投资决策等行为（Myers 和 Majluf，1984），逆向选择如利用公费娱乐、公款旅游等现象。此外，大股东与小股东之间同样存在信息不对称，大股东掌握着更加丰富的信息，容易凭借控制权谋取私利，侵占小股东的利益，即"隧道效应"（Shleifer 和 Vishny，1997）。在公司外部，外部投资者对某公司的运营情况所具备的信息明显少于公司内部的管理层或债权人，所以容易导致外部投资者投资决策的失误。综上所述，加强公司内部的信息披露可以有效地缓解市场参与者间的信息不对称问题，强化投资者的信心，完善公司治理。

五、最优契约理论

从法律意义上讲，"契约"是为使双方或者多方的权利和义务合法化而签订的具备法律执行力、法律强制力和法律效力的合同。从经济学意义上讲，"契约"具有更加广泛的概念。譬如，市场交易双方之间存在契约关系、企业所有者与经营者之间缔结了契约关系等。从契约的理论发展和实践过程来看，可以分为古典契约阶段、新古典契约阶段、现代契约阶段。在这个契约的演变历程中，信息不对称性被逐渐引入，发展至今形成了契约的不完全性，而正是因为这种契约的不确定性，使得代理关系应运而生。

公司治理中，信息不对称、自利天性等使得公司所有者与实际经营者之间所缔结的契约关系事实上存在着非常大的不确定性，而这种不确定性进一步引发了代理冲突问题。为缓解这种代理冲突，最优契约理论（Optimal Contract Theory）认为通过制定某种契约，将高管薪酬与企业业绩挂钩能够约束高管与股东的利益趋向一致（Jensen 和 Meckling，1976），降低高管与股东之间的代理成本，其影响路径为：薪酬激励↔管理者行为↔企业绩效。目前，较常用的契约形式为"业绩型薪酬契约"，即通过企业的业绩来影响高管薪酬的高低，它可以简单表示为线性形式的方程，即：

$$W = \alpha + \beta \times P$$

其中，α 为固定底薪，不与企业业绩挂钩，P 是企业业绩，系数 β 称为薪酬—业绩敏感性，是一个衡量高管薪酬与企业业绩的相关性的统计量，目前广泛运用于有关管理者激励的理论和经验研究中。

六、管理层权力理论

随着时代的进步以及理论的持续发展和演进，有学者发现，最优契约理论的成立需要满足以下几个条件,即董事会能够进行有效的谈判、外部市场存在有效的约束以及股东能够行使权力(权小锋等,2010)。由此衍生出另一个理论,即管理层权力理论(Managerial Power Theory),它是指在公司内外治理机制缺乏约束和监管的情形下,管理层直接呈现的对公司决策权、执行权等在内的权力体系的影响能力。换句话说,管理层权力体现为管理层对公司剩余控制权的扩张。

在董事长和总经理两职合一的公司中,董事长本身控制着董事会,使得监事会难以发挥正常的监督作用,在这种情况下,管理层集企业决策权、监督权和执行权于一身,缺乏来自董事会、股东大会、监事会等监督和约束,这种权力的高度膨胀随着信息不对称程度的增强,极容易出现权力的滥用,管理层会利用职权摄取私人收益。

而在董事长与总经理两职分离的公司中,管理层权力理论认为董事会与股东之间存在代理冲突,即"监督监督者"问题(权小锋等,2010)。一方面,公司的董事会并不会完全无私地制定高管薪酬契约;另一方面,高管也会对董事会进行寻租,干扰和操纵薪酬契约的制定过程,并且这种操纵力度随着管理层权力增大而增强(Bebchuk 和 Fried,2004)。

上述关于管理层利用权力摄取私人利益和自定薪酬的观点得到学者们的经验证据支持。譬如,卢锐(2008)、吕长江和赵宇恒(2008)等的研究结论均指出,管理层权力与高管薪酬存在显著的正相关关系,随着管理层权力的扩大,管理层会利用自身所掌握的权力自定薪酬,既获取权力收益,也实现高薪。权小锋等(2010)针对国有企业高管"天价薪酬""零薪酬"的现象,选择国有上市公司为研究对象,实证研究了国有企业管理层是否存在利用权力摄取私人收益的行为以及管理层对薪酬进行操纵的行为策略,研究表明,国有企业管理层权力与私人收益成正比,并且管理层会利用盈余来操纵薪酬;此外,中央企业的高管偏好非货币性的私有收益,而地方国有企业偏好货币性私有收益。

第三节 文献综述

一、高管薪酬文献综述

(一) 高管薪酬与公司绩效的关系研究

关于高管薪酬与公司绩效之间关系的研究,学界存在以下两种观点:一是认为高管薪酬与公司绩效之间存在线性的正相关关系。譬如,Murphy (1985)、Hall 和 Liebma (1998)、Canarella 和 Gasparyan (2008) 等以及张俊瑞等 (2003)、周仁俊等 (2010) 经过实证研究均统一指出,高管薪酬水平与公司经营绩效之间存在显著的正相关关系。二是认为高管薪酬与公司绩效或者公司价值之间存在非线性关系。譬如,曲亮和任国良 (2010) 研究发现,高管薪酬与公司价值之间存在 "U" 形的曲线关系,高管薪酬呈现边际递减再到边际递增的激励效果。而关于高管隐性薪酬 (如在职消费) 的研究,学界观点存在较大争议。高管隐性薪酬的 "代理观" 认为高管利用职权谋求职务消费,会造成公司资源浪费,损害公司利益 (Yermack, 2006);而 "效率观" 则认为,高管隐性薪酬同样是一种激励方式,其能提升高管的工作积极性,进而提升公司绩效 (Rajan 和 Wulf, 2006)。

从国外研究来看,早期关于高管薪酬与公司绩效之间关系的研究基本未发现两者间的相关性 (Murphy 和 Salter, 1975; Figler 和 Lutz, 1991; Miller, 1995; Firth 等, 1995; Madura 等, 1996; Randøy 和 Nielsen, 2002)。近年来,随着公司制度的不断完善,学者们的研究基本认同高管薪酬与公司绩效显著正相关。如 Elayan 等 (2003) 基于 73 家新西兰上市公司的数据实证检验了高管激励薪酬计划与公司绩效之间的关系,结果发现高管薪酬水平和激励薪酬计划均与股权收益或 ROA 呈现显著的正相关性。Kato 和 Long（2006）、Jaiswall 和 Firth（2009）、Kevin（2011）、Conyon（2011）、Rashid（2013）等的研究均得到高管薪酬与公司绩效显著正相关的结论。

从国内研究来看，近年来随着中国上市公司薪酬制度改革的不断推进，学者们基于各个视角的研究基本发现高管薪酬与公司绩效之间的显著正相关关系（陈志广，2002；杜兴强和王丽华，2007；刘绍娓和万大艳，2013；李维安和孙林，2014；张燕红，2016）。此外，在中国国有企业改革浪潮的牵引下，国有企业的高管薪酬激励问题已成为众多学者的研究热点，这些学者分别从薪酬制度的改革路径、薪酬契约设计、薪酬契约效性等角度展开分析（陈信元等，2009；辛清泉和谭伟强，2009；沈艺峰和李培功，2010；姜付秀等，2014；方芳和李实，2015）。譬如，宋晶和孟德芳（2012）指出，国有企业不同类型的高管应该实施不同的薪酬制度，行政类型的高管实行公务员工资制度，市场选聘的高管实行市场化薪酬制度。代彬等（2011）研究发现，国有企业高管存在利用控制权扭曲薪酬激励机制的行为，并且从整体上看，高管的薪酬—业绩敏感性呈现明显的不对称特征。汪平等（2014）提出"高管薪酬的资本成本约束观"，认为应该动态调整高管薪酬契约，并且强化资本成本的约束机制。晏艳阳等（2015）进一步补充了汪平等（2014）的研究结论，认为公司在制定高管薪酬时应根据融资约束程度的动态变化适时调整。

（二）高管薪酬—业绩敏感性研究

高管薪酬—业绩敏感性作为降低股东与管理层之间代理成本的有效手段，一直以来都是管理层激励领域和公司治理领域的研究热点和重点选题，学者们关于该主题的研究视角相当广泛并已产生相当丰富的学术成果。

国外研究的早期文献基本集中于从实证上考量高管薪酬水平、高管薪酬变化率等分别与基于会计指标衡量的公司财务指标、以市场指标衡量的公司绩效等之间的关系（Lewellen 和 Huntsman，1970；Lewellen 等，1987），并且如果研究中发现高管薪酬与公司绩效之间存在相关性，则表明高管薪酬是基于业绩而定的。譬如，Abowd（1990）实证检验了本期的高管薪酬—业绩敏感性与下期的公司绩效之间的关系，发现高管薪酬—业绩敏感性与基于会计指标衡量的公司绩效的相关性较弱，但与基于经济和市场指标衡量的公司绩效则存在较强的正相关性。

然而，有学者对这种业绩型薪酬契约的有效性提出了质疑，因此存在另一支文献专门探讨高管薪酬—业绩敏感性程度及其对于降低所有者与管理者之间代理成本的有效性问题（Larker，1983；Healy，1985；Gomez - Mejia 等，1987；Lambert 和 Larker，1987；Baker 等，1988；Duffhues 和 Kabir，2008）。近年来，关于高管薪酬—业绩敏感性的研究又衍生出另外一支文献，即探讨管理层权力对高管薪酬的影响，这部分文献认为管理层通过自身掌握的决策权和控制权，能够干涉董事会的薪酬制定过程，降低薪酬与业绩之间的相关性，从而使得自身薪酬提高（Bebchuk 和 Fried，2004；Bergstresser 和 Philippon，2006）。

国内关于高管薪酬与公司绩效之间存在正相关性的研究观点较为统一，并且随着薪酬改革的推进，目前中国绝大部分公司已经实行"业绩型薪酬契约"（辛清泉等，2007；方军雄，2012）。基于此，国内学者开始围绕公司治理、投资决策、战略选择、企业特征、外部监督等角度对上市公司的高管薪酬—业绩敏感性展开一系列的研究（卢锐等，2011；陈胜蓝和卢锐，2012；卢锐，2014；刘慧龙，2017；罗进辉，2018）。譬如，林钟高等（2014）基于关系专用性投资视角、王东清和刘艳辉（2016）基于薪酬辩护视角、李豫湘和米江（2016）基于家族控制视角等对高管薪酬—业绩敏感性展开了深入的实证分析。

二、在职消费文献综述

2015 年 9 月 13 日，国务院印发《关于深化国有企业改革的指导意见》，对此，业界基本形成关于国有企业公司治理结构和激励问题的共识。国有企业普遍存在泛滥化的"职务消费"现象。这是因为：国有企业真正的所有者是政府，一方面企业存在软预算约束问题，抑制管理者对企业进行高效运作的积极性;另一方面,由于政府容易存在监管懈怠,造成国有企业事实上的"所有者虚位",公司内部治理机制较弱,管理层权力高度集中,导致较严重的内部人控制问题,管理层普遍利用控制权获取隐性薪酬,极大增加代理成本,降低企业经营效率。权小锋等(2010)研究发现,国有企业高管的权力越大,其获取的私有收益越高。可见,针对中国目前正在进行的国有企业改革,对国有企业高管在职消费现象的研究显得尤为重要。

目前,国内外相关文献对高管在职消费行为的研究主要从代理理论和效率理论这两个方面进行。基于效率理论(激励)的在职消费与基于代理理论(代理成本)的在职消费相互交织,难以有效分离出来,不能单纯定义哪种理论观点是正确的。鉴于在职消费的双重属性,现有文献基本形成两种观点,分别为在职消费的"代理观"和"效率观";此外还有部分文献分别从企业分红、管理层权力、管理层持股等多个角度研究在职消费的影响因素。

(一) 在职消费的"代理观"

Jensen 和 Meckling(1976)是研究代理成本问题的开山之作,该文认为,管理层在职消费是公司的一种代理成本,会显著降低公司绩效。Fama(1980)认为,当在职消费造成资源损失并且薪酬调整不足以弥补时表现为代理成本,该结论反映了在职消费在某种条件下属于管理层的机会主义行为。Jensen(1986)研究发现,管理层在职消费行为明显占用了企业的自由现金流,构成了企业自由现金流资源的代理成本。Hart(2001)指出,管理层通过权力摄取在职消费等私人收益,反映了在职消费所带来的边际效率不能弥补其边际成本。Yermark(2006)运用事件研究法探讨了 CEO 在职消费,并且着重关注 CEO 使用公司直升机对公司绩效的影响,结果表明,CEO 使用公司直升机的信息一经披露,直接引起当日企业股票价格下降 1.1%,反映了市场对 CEO 在职消费行为的负面反应。Edgerton(2012)同样研究了公司 CEO 使用专机的问题,认为这种待遇明显超过正常的在职消费水平。Chen 等(2009)、Grinstein 等(2009)、Cai 等(2011)、Luo 等(2011)、Ha(2011)均支持在职消费的"代理观"。

国内学者罗宏和黄文华（2009）实证研究了现金分红政策与管理层在职消费的相互关系，结果显示国有企业管理层的在职消费对公司绩效有明显的抑制作用，但是支付现金股利可以有效缓解这种抑制效应。卢锐等（2008）基于管理层权力视角探讨了高管的在职消费问题，发现管理层利用权力攫取在职消费等私人收益，降低了企业价值。冯根福和赵珏航（2012）的实证研究结果表明，高管在职消费与公司绩效之间存在显著的负相关性。傅颀和汪祥耀（2013）基于管理层权力视角的实证研究结果表明，高管显性薪酬与在职消费水平均会因管理层权力而提高，但是此时的在职消费表现为代理成本会损害公司绩效。

（二）在职消费的"效率观"

尽管在职消费会占用企业财务资源，但其作为高管显性薪酬契约的主要补充方式，有其存在的合理性。国外学者 Hirsch（1976）指出，在职消费可以间接反映高管在公司内部的"地位"和"声望"，提高高管的认知度，这作为一种隐形激励，有助于提升公司价值。Henderson 和 Spindler（2005）也认为在职消费可以有效提升高管对公司的忠诚度。Rajan 和 Wulf（2006）利用美国上市公司的数据进行实证分析，发现在职消费对高管的工作积极性、经营效率等都有显著的提升作用；公司的现金流量和投资前景正向影响在职消费，相反地，外部监督抑制在职消费。Yeung 和 Tung（1996）、Ai（2006）、Adithipyangkul 等（2011）都认同在职消费的"效率观"。

国内学者李焰等（2010）实证检验了管理层的在职消费与企业内部员工工资之间的关系，并在此基础上基于员工工资传导路径进一步探讨了在职消费对企业业绩的影响，结果表明，在职消费与员工工资之间存在显著的正相关关系，并且这种关系不受企业产权性质的影响；进一步分析发现，在职消费仅对国有企业的高管有激励作用。吴成颂等（2015）分别基于控股股东对资金进行侵占和公司业绩两个角度实证研究了中国上市公司高管在职消费的效率问题，基本结论认为在职消费能够发挥一定的效率，但其效率发挥会同时受到企业产权性质差异和高管政治关联的影响。孙世敏等（2016）细化了上市公司在职消费的种类,明确指出在职消费中既有薪酬的补充成分和正常的消费成分,也有自娱性的消费成分,仅有第三种成分的在职消费会产生代理成本,但从总体上看,中国上市公司管理层在职消费还是呈现"效率观"的一面。

(三) 在职消费的影响因素

1. 公司内部治理机制与在职消费

关于公司内部治理机制对管理层在职消费可能发挥的作用,学界存在较多相关的文献。譬如,姜付秀等(2009)研究发现,大股东并没有起到有效的监督作用,其持股比例越高,越可能增加公司的代理成本。Cheung 等(2006)、Jiang 等(2010)研究指出,公司大股东经常通过关联交易或者资金占用等方式挪用和转移公司资源。这表明大股东集权产生的代理成本较大,尤其是在过于集中的股权结构下,大股东极容易利用控制权侵占债权人特别是中小股东的利益。张栋等(2008)实证研究了中国上市公司第一大股东股权、治理机制与公司过度投资的关系,发现第一大股东持股比例与公司过度投资水平呈现倒"U"形关系,而董事会治理与公司过度投资没有显著相关性。陈冬华等(2005)的经验研究发现,中国国有上市公司高管的在职消费会受到公司规模、高管绝对薪酬以及公司租金等因素的影响。李宝宝和黄寿昌(2012)通过构建一个在职消费的经验模型实证检验了国有企业高管在职消费的影响因素和经济后果,研究结果表明,管理层现金薪酬水平、高管—员工薪酬差距、高管持股、高管平均年龄、企业规模等因素均会显著影响国有企业高管的在职消费动机。冯根福和赵珏航(2012)的研究表明,高管的在职消费水平与高管持股比例呈显著负相关。从管理层权力的视角,张铁铸和沙曼(2014)实证研究了管理层能力和权力对在职消费的影响,发现管理层能力和管理层权力分别与在职消费呈现显著的负相关和正相关关系。卢锐等(2008)、树友林(2011)的研究结论均支持管理层权力与管理层在职消费之间的正相关关系。

本书认为,目前中国上市公司股权高度集中,并且股权制衡机制较弱,第一大股东持股比例越大,越可能增加代理成本。由于独立董事不领取薪酬,缺乏有效的激励,并且实际上他们未在公司任职,无法完全掌握公司的全部信息，董事会中独立董事比例越高，使得外部监督作用非常弱，内部监管力度也较差，难以有效抑制管理层在职消费现象。同时，董事长与总经理如果两职合一更会导致权力进一步集中，这些高管更可能利用职权进行利益侵占，因此，两职兼任对管理层的在职消费水平存在正向影响。此外，从相关文献的归纳可以发现，由于诸多制度层面的缺陷，目前中国董事会普遍被大股东控制，而监事会则因为职权不清，工作机制不规范，并且缺乏有效激励的约束机制等，使得这两种治理机制的有效性一直无法或没有完全发挥。因此，董事会和监事会关于高管在职消费的治理作用可能存在一定的局限性。

2. 公司外部治理机制与在职消费

一般而言，公司外部市场治理机制包括经理人市场、资本市场约束、媒体监督、政府法规法令等市场监督机制，以及产品市场竞争激励机制。由于中国目前正处于经济转型升级进程中，尚且缺乏较为完备的法律环境和法规制度，故本书从媒体监督和产品市场竞争两个角度对相关文献进行综述。

媒体监督角度的文献包括：翟胜宝等（2015）的研究充分肯定了媒体监督的公司治理作用，认为媒体对于国有企业高管在职消费行为的监督力量会随着媒体市场竞争的激烈而增强。王新安和张春梅（2016）、耿云江和王明晓（2016）都发现媒体报道可以有效抑制管理层的在职消费行为，后者还发现媒体监督能够有效缓解超额在职消费对薪酬—业绩敏感性的削弱效应。薛健等（2017）研究指出，曝光是一种重要的外部机制，能够对高管的超额在职消费行为起到威慑作用。

产品市场竞争角度的文献包括：Hermalin（1992）认为，产品市场竞争可以减少管理层的在职消费；陈红和王磊（2014）研究指出，产品市场竞争能抑制管理层过度消费现象，并且相较于国有企业而言，产品市场竞争对非国有企业代理成本的影响更显著；姜付秀等（2009）研究发现，产品市场竞争越激烈时，可以显著降低管理层在职消费和其他不当开支，并且当产品市场竞争程度较低时，其同样能够显著抑制管理层的在职消费现象；刘志强（2015）的实证研究结果表明，产品市场的竞争程度越激烈越有助于抑制和降低高管的在职消费水平；陈晓珊（2016）基于代理成本和代理效率两个角度实证研究了公司内外联合治理机制的作用,发现外部产品市场竞争有助于降低在职消费水平,而内部治理机制对在职消费所发挥的作用则存在企业产权性质差异。

3. 公司特征与在职消费

相关研究表明,公司自身的特征也会对高管行为产生影响。譬如,罗宏和黄文华(2009)认为,现金分红能有效降低国有企业高管的在职消费程度。夏宁和刘淑贤(2014)基于联立方程模型的研究发现,高管在职消费与企业分红之间的替代关系仅存在于非国有企业中。刘银国和张琛(2012)指出,自由现金流水平过高会造成严重的在职消费,并且这种作用在国有企业和治理水平较差的企业中更明显。刘银国等(2016)、梁勇等(2017)都认可自由现金流水平与在职消费之间的正相关性,前者认为可以通过发行现金股利的形式来抑制这种渠道,后者认为机构投资者可以发挥有效的制约作用。王曾等(2014)研究发现,国有企业高管的政治晋升能够同时发挥抑制和提升在职消费的作用,但总体上其抑制效应大于提升效应。皮建才等(2014)探讨了中央政府对地方官员的两种治理手段,发现地方官员的晋升激励与地方官员的在职消费之间存在一定的替代关系,当晋升激励强度较低时,地方官员会选择增加在职消费水平。

三、产品市场竞争文献综述

产品市场竞争在产业组织理论中是一个非常重要的概念,其是企业间互动的重要载体。而在公司治理中,产品市场竞争是一种外部治理机制,它通过向股东和高管传递市场信息,能够有效地降低代理成本。

关于民营企业和国有企业效率的研究文献指出,中国的民营企业没有行政垄断的保护,始终在市场竞争中成长,对市场变化较为敏感,使得产品市场竞争机制对民营企业盈利能力的边际提升效用可能较低。相反地,"政治观"认为,中国国有企业特殊的产权性质使其长期以来承担着一定的政治和就业等社会性负担,这些目标与企业利润最大化目标相冲突,导致企业往往缺乏效率;"经理观"认为,国有企业高管薪酬同样受到普遍的行政管制,难以发挥相应的激励作用,并且由于存在实际上的"所有者虚位",使得国有企业往往缺乏有效的监督,因此产品市场竞争本身的约束力可能更有助于提升国有企业的经营效率(Holmstrom 和 Tirole,1993;Shleifer 和 Vishny,1994)。

(一) 产品市场竞争治理效应的作用渠道研究

竞争对于稀缺资源的有效配置发挥着非常重要的作用,在探讨产品市场竞争时,研究者一般将其与企业的分配效率和生产效率联结在一起,因为外部市场的竞争压力会刺激企业以最低的成本供给商品或服务,提高公司的经营绩效水平(Nichell,2010;何玉润等,2015)。譬如,Haskel(1991)、Nickell 等(1992)均认为产品市场竞争可以有效提升公司的生产效率和技术效率。Aggarwal 和 Samwick(1999)、Raith(2003)、谭云清和朱荣林(2007)等都肯定产品市场竞争对公司绩效的促进作用。Januszewski 等(2002)的实证研究结果表明,产品市场竞争激烈程度与公司的生产率和盈利能力显著正相关。

国内外部分文献集中探讨了产品市场竞争与公司行为的关系,指出产品市场竞争会在一定程度上影响高管的决策,从而发挥其公司治理作用(Alchian,1950;Hart,1983;姜付秀和刘志彪,2005;姜付秀等,2009;伊志宏等,2010)。通过对文献的归纳总结,本书认为,产品市场竞争主要通过信息假说、管理技术假说、清算威胁假说、利润最大化假说、战略选择假说等渠道影响公司代理人的行为选择(Fee 和 Hadlock,2000),进而对公司绩效产生一定的治理效应。

(1)信息假说(Information Hypothesis)。信息假说是指充分竞争的市场环境能够为公司的委托人提供代理人的相关经营业绩的信息,从而强化了委托人对代理人的行为的监督力度,使得代理人会积极努力工作以增加公司绩效和提升公司在产品市场上的竞争力。林毅夫等(1997)指出,中国特定的转轨市场竞争环境可以将管理者的行为、管理能力水平、付出的努力程度同企业的经营业绩联系起来,从而提高企业所有者对管理者的监督和评价的准确性。事实上,在存在竞争者的情况下,委托人通过为代理人制定基于相对业绩评价

(Relative Performance Evaluation，RPE)① 机制的薪酬契约，可以准确评价管理者的能力和努力程度（Lazear 和 Rosen，1981；Holmström，1982；Nalebuff 和 Stiglitz，1983）。然而，Hart（1983）、Scharfstein（1988）认为，同行业内竞争企业的绩效可能难以观察，制定基于本企业业绩评价（Own Performance Evaluation，OPE）机制的薪酬契约同样可以有效监督代理人的行为。由此可见，产品市场竞争对代理人行为的影响主要反映在其薪酬计划中。

（2）管理技术假说（Managerial Technology Hypothesis）。管理技术假说是指代理人的经营能力水平和技术知识等在竞争程度较高行业内的企业中非常重要，企业间的竞争优势部分来自于企业代理人之间的竞争，能力较强的代理人在竞争的环境中更容易获得企业的青睐，因此，产品市场竞争的约束使得竞争程度较高的行业内，公司代理人相较于竞争程度较低的行业内的代理人而言可能受到更多的解聘威胁。Hermalin（1992）指出，高竞争与低竞争环境中的企业的一个潜在区别是管理者的努力和能力的回报存在明显的差异，在高竞争市场上，管理者的努力程度和能力水平会对企业的销售情况存在较大的影响，但在低竞争或者无竞争的市场上，其所发挥的边际效应非常小，这就使得处于竞争较为激烈的市场中的企业更倾向于在管理者的能力水平被熟知之后将其替换掉，由此导致较高的高管变更率。

（3）清算威胁假说（Threat of Liquidation Hypothesis）。清算威胁假说是指充分竞争的市场中企业经营不善被清算的可能性相对较大，代理人为避免企业被清算或者破产后自身遭受利益损失而选择努力工作。中国目前正处于经济"新常态"的转轨时期，与西方的市场经济相比，市场化的管理制度总体尚不成熟，市场竞争激烈程度越高越可能导致经营状况不佳的企业被兼并或者被清算，如此一来，代理人会失去工作，同时也会对代理人的声誉和职业生涯造成一定的影响。Grossman 和 Hart（1982）研究指出，产品市场竞争与企业破产

---

① Holmström（1979）首次提出 RPE 机制，认为公司的经营绩效与公司所处的外部环境密切相关，如果某种对于该企业业绩的冲击与企业所在行业中其他企业相关，则最优的激励方案就是将该企业自身的业绩与同行业内其他企业的业绩结合起来进行比较，以此确定对管理层的激励，可以过滤掉一些管理层无法控制的行业或者风险因素，并且通过市场价格信号也可以部分缓解信息不对称问题，进而提高管理层的努力水平和企业的绩效。

风险之间存在显著的正相关关系，因此有助于激励管理者努力改善企业的经营状况以降低企业破产的可能性。Aghion 等（1999）考察了产品市场竞争、企业破产可能性与管理者的行为，发现在竞争激烈程度较高的行业中，管理者会付诸更多的努力以避免企业破产，并且企业本身为了提高比较优势也会加大技术投入。Schmidt（1997）指出，产品市场竞争会提高企业遭受清算的可能性进而推动管理者努力工作以避免清算对其带来的效用损失。Guadalupe 和 Pérez-González（2010）研究发现，激烈的市场竞争有助于降低私人控制权收益，并且这种约束力主要归因于同个行业中企业信息透明度的提高和"破产威胁"。Chou 等（2011）同样认为产品市场竞争对公司管理的约束作用主要来自清算威胁。国内学者刘凤委等（2007）认为，管理者的薪酬契约内生于特定的制度环境，其经过实证研究发现，产品市场竞争一方面有助于约束管理者的机会主义行为，另一方面会提高公司被清算以及管理者被解聘的概率，这两方面的合力作用使得基于公司绩效而制定的管理者薪酬契约更加有效。

（4）利润最大化假说（Profit Maximization Hypothesis）。利润最大化假说是指垄断性企业偏离企业追求利润最大化的行为目标，并且相较于竞争性企业而言，垄断性企业更不倾向于替换不称职的管理团队，导致竞争程度较低的市场环境中高管更换率反而越低。该假说的理念主要来自于 Leibenstein（1966）所提出的关于企业成本扭曲的"X—无效率"概念。Leibenstein 发现，绝大部分企业的管理层存在懈怠行为和"吃大锅饭"心理，导致企业生产成本出现过高的扭曲现象；尤其是那些所面临的外部市场竞争压力较小或基本无竞争压力的垄断性企业，其企业内部关系、层次结构、制度安排等相当繁杂，使得企业利润最大化目标难以有效实现，进而导致企业内部资源配置持续呈现效率低下的状态。

（5）战略选择假说（Strategic Choice Hypothesis）。战略选择假说是指委托人对代理人制定的薪酬契约中考虑了产品市场竞争程度对企业竞争战略的影响，由此可将薪酬计划作为企业强化市场经营的战略性工具。Fershtman 和 Judd（1987）、Klivas（1987）等的理论研究发现，代理人的薪酬契约可以作为战略性工具推动企业采取某些产品市场战略，并且该结论得到了 Kedia

(1998)、Aggarwal 和 Samwick（1999）等的经验证据支持。

(二) 产品市场竞争与高管薪酬的关系研究

早期国外关于竞争与激励之间关系的理论研究表明，企业间的竞争会通过提供额外市场信息、改变管理层努力可能产生的负效用、影响降低生产成本措施的边际价值等几种方式影响委托人对管理层提供的激励水平（Karuna，2007），并且由于这些方式的综合影响，使得国外目前关于产品市场竞争与管理层激励水平之间的关系尚未能形成统一的观点。接下来本书将列举部分关于产品市场竞争与管理层激励之间关系的代表性文献，以厘清市场竞争机制对管理层激励的作用机理。

1. 提供额外市场信息

在委托—代理框架中，Holmstrom（1992）、Nalebuff 和 Stiglitz（1983）研究指出，市场竞争主要通过为企业委托人提供同一行业中相关的企业业绩标杆进而对管理层激励水平产生影响，并且当同一个行业内对企业生产成本的影响源是相关时，产品市场竞争程度提高会提供额外的信息，这些信息有助于委托人降低管理层的道德风险。相反地，Hart（1983）、Scharfstein（1988）认为，产品市场竞争对管理层激励水平的影响主要取决于研究中对管理层偏好特征的设定或者模型中的其他特征。具体而言，Hart（1983）通过构建一个隐藏信息模型得出竞争主要通过降低管理层管理懈怠行为的方式而呈现为一种自律约束机制；该模型设定了一个无限风险规避的管理者，并且高于一定水平的收入对于管理者而言没有任何意义，但是低于一定水平的收入则是不可取的，因此，在产品市场竞争程度较高的情形下，企业所有者反而会为管理层提供较低的激励水平。Scharfstein（1988）的研究则表明，当管理者的边际收入效用严格为正时，竞争反而会提高管理懈怠，此时，委托人会提高对管理层的激励水平。

2. 改变管理层努力可能产生的负效用

Schmidt（1997）从企业层面的角度进行研究，发现产品市场竞争程度提高会增加那些存在管理懈怠和高生产成本的企业被其他企业并购或遭遇破产清算的可能性,其将上述现象定义为产品市场竞争所发挥的"清算威胁效应"(Threat-of-liquidation Effect)。Schmidt(1997)认为,产品市场竞争的"清算威胁效应"提高会明显增强管理层的努力程度,但是企业所有者对于管理层的激励却不受管理层努力程度的影响,而是考虑了管理层参与约束①(Participation Constraint)的作用。这里考虑"清算威胁效应"较高的情形,当管理层的参与约束成立时,企业所有者需要激励管理层更加努力工作以补偿企业被清算时可能给管理层带来的预期效用损失,此时企业所有者会为管理层提供较强的激励;相反地,当管理层的参与约束不成立时,管理层本质上必须努力工作以保住工作机会,此时企业所有者可能会为管理层提供较弱的激励。

3. 影响边际产出或者企业采取成本下降措施的边际价值

Hermalin(1992)、Baggs 和 Bettignies(2007)等从企业采取降低生产成本措施的边际价值角度出发,认为产品市场竞争能够同时产生"商业窃取效应"(Business-stealing Effect)和"规模效应"(Scale Effect),并且这两种效应对管理层薪酬激励水平的作用方向相反,因此产品市场竞争与管理层激励的相关性则主要取决于这两种效应谁占主导地位。首先,当市场需求函数富有弹性时,拥有较低生产成本的企业能够从竞争企业手中赢得更多的生意机会,考虑产品价格由竞争对手制定的情形,竞争的提高会增加企业降低生产成本措施的边际价值,此时,企业所有者会给管理者提供较强的激励。其次,当竞争使某企业的竞争者采取降低产品价格的措施时,该企业会失去一定的市场份额。与此同时,随着竞争激烈程度的提升,企业预期利润会被逐步侵蚀,导致降低生产成本的额外努力从经济意义上并不合理,因此,企业所有者会给管理者提供较弱的激励(Karuna,2007)。

从上述研究来看,三种竞争机制对管理层激励的作用均具有两面性,关于竞争与激励之间是存在替代性还是互补性未能统一。这里需要明确的概念是:

---

① 参与约束是对代理人行为的一种理性化假设,它要求代理人接受委托人所设定的薪酬合同所能得到的预期效用至少不低于代理人的保留效用,因此,当这种参与约束成立时,代理人接受合同比不接受合同更加理性;而当这种参与约束不成立时,代理人对于是否接受合同没有选择的自由,此时委托人占主导地位。

第二章 文献综述

产品市场竞争与高管激励之间的替代性是指在高管薪酬未能发挥激励作用时，产品市场竞争会在约束高管懈怠和激励高管努力工作进而提高公司绩效方面发挥着重要作用，而在高管薪酬的激励效应较大时，产品市场竞争的作用就相对有限；相反，如果竞争与薪酬之间存在互补性，则意味着两种机制是彼此增进的，市场竞争越强时，薪酬所发挥的激励作用越强，而当薪酬激励效应较大时，市场竞争所发挥的作用也较大。

关于竞争与激励两者间的交互关系，国外其他研究同样得到具有争议性的结论。譬如，Aghion 等（1999）研究发现，管理层薪酬激励对公司绩效的正向促进作用会随着产品市场竞争程度的加剧而增强，两者呈现一定的互补关系。Januszewsk 等（2002）构建关于企业生产率的计量模型，研究发现产品市场竞争与高管薪酬对于企业生产率的提升作用呈现互补性。Santalo（2002）基于加拿大企业的数据实证研究发现，竞争程度较大的企业给予高管的激励力度越小。Beinera 等（2005）以瑞士企业为研究对象建立关于产品市场竞争、高管薪酬激励与企业价值的联立方程组模型，研究发现，市场竞争有助于促进企业加大对高管人员的激励力度，并且这种促进效应对于处在高竞争环境中的企业而言更为强烈。Karuna（2007）基于产品市场竞争的多维性（包括产品替代、市场规模、进入成本、行业集中度等）进行实证研究发现，产品市场竞争与管理层激励水平之间存在互补关系，并且竞争与激励之间的关系是多维的，其中，行业特征发挥着重要作用。Coughlan（1985）、Slade（1998）、Cuñat 和 Guadalupe（2005）、Cuñat 和 Guadalupe（2009）的研究均发现，产品市场竞争与管理层激励之间存在正向关系，充分肯定了竞争与激励的互补性。

从国内研究来看，目前关于产品市场竞争与高管激励之间的相互性的理论文献尚不多见，经验研究的文献也不多，但少数几篇文献的研究结论还是较为统一，即认同产品市场竞争与管理层激励之间的互补性。譬如，牛建波和李维安（2007）基于 1998~2003 年中国制造业上市公司数据实证检验了产品市场竞争与公司内部治理机制之间的交互关系并得到了颇为丰富的研究结论，其结论之一是，高管年平均薪酬与产品市场竞争之间存在显著的互补性，并且随着市场竞争程度的增强，增加高管薪酬水平越有助于提升公司绩效。谭云清

· 45 ·

（2008）构建了关于差异化价格竞争的 Hotelling 模型，探讨产品市场竞争、代理人努力程度以及代理人激励水平之间的关系，得到以下结论：一是产品市场竞争与代理人激励水平之间存在互补性；二是代理人激励水平与公司绩效正相关；三是产品市场竞争有助于提高代理人努力程度和激励水平，进而促进公司绩效的提升。梁英（2009）关于产品市场竞争与管理层激励的实证研究得到以下结论：一是管理层激励与公司绩效正相关；二是产品市场竞争有助于降低高管的盈余管理程度；三是产品市场竞争与管理层激励之间存在互补性，管理层激励效应随着市场竞争激烈程度的增强而显著提高。

（三）产品市场竞争与在职消费的关系研究

由于国内外绝大部分文献都将在职消费看成是一种代理成本，较少涉及其隐含的公司治理作用，因此，国内外关于产品市场竞争与高管在职消费之间互动关系研究的文献非常少，本书对两者之间关于公司治理效应的互动关系的研究将是该领域的有益补充。

目前涉及两者之间关系的研究文献有：姜付秀等（2009）将管理层在职消费视作一种代理成本，研究发现随着产品市场竞争激烈程度的加剧，管理层在职消费有所降低，表明产品市场竞争有助于约束管理层攫取私有收益。陈红和王磊（2014）研究指出，产品市场竞争能抑制管理层过度消费现象，并且相较于国有企业而言，产品市场竞争对非国有企业代理成本的影响更显著。刘志强（2015）研究指出，中国上市公司所在行业的产品市场竞争激烈程度能显著抑制 CEO 权力对在职消费的正向作用，并且这种抑制作用在国有企业样本中更加有效。陈晓珊（2016）基于代理成本和代理效率两个角度实证研究了公司内外联合治理机制的作用，发现外部产品市场竞争有助于降低在职消费水平，而内部治理机制对在职消费所发挥的作用则存在企业产权性质差异。

四、产权性质文献综述

中国特殊的制度背景和现实国情使得不同产权性质企业的经营理念、经营目标、经营管理模式等存在较大的区别，因此，在探讨企业问题的过程中，企业的产权性质是必不可少的关键因素。国内绝大部分关于高管薪酬、在职消费或其他公司治理问题的研究都有进行企业间的对比，得到的研究结论也较为一致，即不同产权性质的企业，其公司治理存在显著差异。由于本书关注的是高管薪酬和在职消费的公司治理效应问题，故本部分仅从高管薪酬、在职消费、薪酬差距等方面对相关文献进行综述。

（一）高管薪酬与在职消费的公司治理效应：产权性质的影响

国内绝大部分关于高管薪酬与在职消费的公司治理效应的研究都有探讨企业产权性质的影响，但结论并未完全统一。譬如，夏冬林和李晓强（2004）研究指出，高管在职消费与货币薪酬之间的交互关系受产权性质的影响，在国有企业中两者呈现替代关系，而在非国有企业中两者呈现互补关系。周仁俊等（2010）基于产权视角实证研究了高管薪酬、高管持股比例以及高管在职消费与公司绩效之间的关系，结论显示：高管薪酬、持股比例均与公司绩效显著正相关，并且这种相关性在非国有企业中更明显；高管在职消费与企业绩效负相关，并且这种相关性在国有企业中更显著。罗昆和范琼琼（2016）基于经理人市场理论与管理层权力理论的实证研究发现，企业产权性质对企业参照点效应与高管薪酬增长之间的关系具有一定的调节作用。陈冬华等（2005、2010）指出，国有企业受到政府较多的薪酬管制，使得在职消费必然成为国企高管薪酬契约的次优选择。徐静（2013）研究发现，相较于非国有企业，大股东持股对国有企业高管在职消费的抑制作用相对较为明显。周玮等（2010）研究发现，政企关系网络对在职消费的影响存在明显的产权差异，国有企业样本中政企关系网络对在职消费存在正向的促进作用，但非国有企业样本中政企关系网络对在职消费存在负向的抑制作用。刘志强（2015）的实证结果表明，CEO权力与管理层在职消费之间存在正相关关系，并且这种关系在国有企业的样本中更加显著。黎文靖和池勤伟（2015）实证研究了中国上市公司高管在职消费与企业绩效的关系，发现国有企业中高管在职消费与企业绩效无明显关系，表现为代理问题，而非国有企业中高管在职消费对企业绩效有显著的提升作用，表现为政府关系资本投资。

(二) 企业产权性质对高管—员工薪酬差距的影响

中国特殊的国情背景使得企业产权性质对公司内部治理存在较大影响。国有企业内部的"所有者虚位"问题、高管"亦政亦商"的身份等使得公司治理机制对高管—员工薪酬差距的影响与非国有企业可能存在显著不同。特别是由中央政府直接监督管理的国有企业，基本上在中央企业任职的负责人都是由中央直接任命，并且实行的是总体偏高的年薪制，缺乏优选或者市场化的淘汰机制，并且无论企业业绩如何，央企负责人都可以拿到相应的年薪，出现了"高薪养懒"现象，引起社会的不满。与此同时，央企负责人与职工的收入差距也非常悬殊，差距超过13倍。为了缓解这种高薪—低效和收入差距的矛盾，2016年12月公布的《中央企业负责人经营业绩考核办法》（国资委令第33号）对央企负责人的薪酬结构、考核评价体系、福利性待遇如何规范等作出了明确的规定，旨在通过降低高管薪酬来实现收入差距的缩小。

相关文献包括：缪毅和胡奕明（2014）探讨了不同产权性质的企业内部高管薪酬差距问题，发现薪酬差距与企业所面临的竞争者人数和经营风险都呈现正相关关系，尤其对于民营企业而言这种相关关系更突出；而高管晋升同样会影响薪酬差距，并且影响效果受到企业产权性质的影响，在民营企业中效果最明显，政府间接控制和直接控制的企业，作用效果依次减弱。罗昆和范琼琼（2016）实证检验了企业产权性质对参照点效应和高管薪酬增长的调节作用，研究结果表明：管理层权力对高管薪酬增长的正向促进作用在国有企业中的发挥力度相较于非国有企业而言更大。张燕红（2016）研究发现，中国国有企业高管薪酬结构较为单一，并且其激励效用受政府管制较为严重，导致国有企业高管薪酬的贡献率明显低于其他所有制企业。本书认为，不同产权性质的企业具有明显的管理差异，企业治理机制对企业内部薪酬差距的影响也不尽相同，预期企业产权性质会显著影响公司内外治理机制与高管—员工薪酬差距的关系。

五、产品市场竞争与公司内部治理机制的关系文献综述

现代公司制度下所有权与经营权两权分离,极容易导致委托—代理问题。解决该问题的关键在于建立完善的公司治理结构,通过一系列健全有效并且规范的监督机制、制衡机制以及激励机制,进而协调企业各相关利益者之间的关系。从战略角度看,一种好的治理结构应该能够通过约束、激励和决策的参与等机制的设计提高企业的长期绩效(向朝进和谢明,2003)。

随着经济的发展和社会的进步,衡量一个公司总体的治理水平不应该只注重公司内部的操作指标,而应该同时兼顾公司面对的外部环境,以及应该充分考虑到所有与公司利益相关的团体或者个人,从一个企业自身存在价值的视角考量一个公司的整体治理情况。Mayer(1997)、刘志强(2015)等均认为,公司内部系统各种治理机制的有效性以及治理形式均会受到产品市场竞争程度的影响,有效的公司治理机制设计必须同时考虑公司所在行业的产品市场竞争情况。

前文对产品市场竞争与高管薪酬、高管在职消费之间的相互关系的研究成果和研究结论进行了文献梳理,以下主要对关于产品市场竞争与其他公司内部治理机制之间相互关系的文献进行分析。

目前,国内外关于产品市场竞争与公司内部治理机制之间的交互关系存在不同的观点。有的学者认为两者间存在替代关系(Nickell 等,1997;Aghion 等,1999);有的学者认为两者间存在互补关系(Januszewski 等,2002;Grosfeld 和 Tressel,2002);也有的认为这两者存在一种"状态依存"的关系(Schmidt,1997;姜付秀等,2009;陈晓和江东,2000)。

国外学者 Karuna(2005)指出,公司外部市场竞争机制能够发挥提高公司经营效率的作用,在一定程度上可以替代公司的内部治理机制。Nickell 等(1997)基于英国企业数据的研究发现,产品市场竞争与股东控制之间确实存在显著的替代关系。国内学者施东晖(2003)基于中国制造业上市公司数据的实证研究结果印证了产品市场竞争与所有权结构的公司治理效应之间存在互

补性。牛建波和李胜楠（2008）研究发现，产品市场竞争与董事会治理之间存在明显的互补性。姚佳和陈国进（2009）基于中国上市公司数据的实证研究发现，产品市场竞争与股权结构之间的互补性和替代性受股权集中度的影响，在股权集中度处于中等水平的公司中，两者呈现互补关系，而在股权高度集中的公司中，两者呈现替代关系。与上述研究所发现的互补关系不同；宋增基等（2009）研究发现，产品市场竞争与董事会治理存在显著的替代性。胡一帆等（2005）基于世界银行调查数据的研究指出，竞争与企业所有权之间存在替代关系。牛建波和李维安（2007）的研究同样发现产品市场竞争与董事会治理、与两职兼任（CEO兼任董事长）之间均存在替代关系。蒋荣和陈丽蓉（2007）从CEO变更的视角探讨了产品市场竞争的治理效应，结果肯定了产品市场竞争的替代效应。

第四节 文献评述

基于上述相关文献的回顾，目前已有文献从多个维度探讨了产品市场竞争、高管薪酬激励、高管在职消费等机制的公司治理效应以及各机制间的相互关系。然而，相关研究仍然存在以下不足：

第一，现有关于高管薪酬激励与高管在职消费的文献基本采用实证研究方法进行分析，并且在实证检验过程中简单利用文献分析法提出研究假设，缺乏理论数理模型的支持。换言之，鲜有文献利用产业组织理论的研究范式从理论上剖析企业间在产品市场上的战略互动和竞争行为，考察不同的策略选择对企业经营绩效的影响。对此，本书尝试结合产业组织理论的理论建模法与公司金融理论的实证研究法来实现产业组织理论与公司金融的交叉领域研究，这不仅极大地补充了两个领域的研究文献，亦为未来的研究视角和研究方法提供了一定的思路启示。

第二，尽管多数研究探讨了公司治理领域中高管薪酬激励与在职消费的相

第二章 文献综述

关问题,但鲜有文献同时关注高管薪酬与在职消费对公司绩效的治理效应,从激励的角度看,虽然理论和实证研究表明高管薪酬显性激励与在职消费隐性激励都可以提升公司绩效,但关于二者在提升公司绩效方面的共同作用则未有相应的经验证据。具体而言,这两种激励机制对公司绩效的边际提升效应孰大孰小?二者间存在相互替代的关系抑或相互补充的关系?这些问题有待进一步的深入研究。

第三,现有文献对高管在职消费双重理论属性的研究仅限于理论阐述,关于在职消费"代理观"与"效率观"的内在逻辑一致性未通过大样本数据加以验证,缺乏经验证据的支持;同时,从作者掌握的文献来看,亦未发现有学者同时将高管薪酬、在职消费、产品市场竞争机制、企业产权性质等同时引入一个框架中进行分析。

第四,绝大部分文献运用计量实证方法研究高管薪酬激励与产品市场竞争之间的相互关系,然而,委托—代理理论和最优契约理论是研究公司治理问题中的主要理论,目前缺乏文献从企业层面上构建关于企业间竞争的理论模型以探讨企业内部高管薪酬激励与外部产品市场竞争两种机制之间的相关性,使得现有研究的逻辑性和严谨性有待进一步完善。

第五,从笔者掌握的文献来看,由于高管在职消费特殊的理论两重性,目前主流文献更多的是探讨其发挥代理成本的性质,缺乏基于在职消费的效率性质出发进行的研究;此外,关于产品市场竞争与高管在职消费之间关系的研究文献非常少,仅有的两篇文献更多的是将在职消费视为代理成本,分析产品市场竞争这种外部机制是否有助于抑制在职消费,因此,目前学术界仍缺乏基于在职消费的隐性激励作用,从理论和实证两个维度探讨产品市场竞争与高管在职消费之间交互性的相关研究。

第六,尽管大多数国内外理论或实证研究都表明,高管薪酬显性激励、高管在职消费隐性激励、产品市场竞争等机制之间关于公司的治理效应存在一定的相互关系,但关于各机制间的替代或互补机理未予以详细阐明。

第三章 制度背景与上市公司高管薪酬、在职消费现状分析

第一节 制度背景

一、中国劳动者工资分配制度改革回顾

中国的劳动者工资分配制度自改革开放以来经过30多年的演变,取得了明显的成效。总结来看,可以概括为以下四个阶段①:

(1) 理论突破阶段。1978~1984年是中国劳动者工资分配制度改革的启动时期,在此阶段,按劳分配原则得到有效恢复,不仅职工工资有所提升,而且企业内部也开始实施奖金、计价工资、浮动工资等制度建设。

(2) 体制改变阶段。1985~1991年是中国劳动者工资分配制度改革的攻坚时期,在此阶段,两个代表平均主义的"大锅饭"原则被打破,随着国企承包经营责任制的确立以及"利改税"的实行,企业内部开始实施分类分级工资管理体制,譬如岗位工资制、结构工资制、浮动工资制等分配模式开始

---

① 人民网网站. 中国工资分配制度改革30年回顾与展望,http://acftu.people.com.cn/GB/67561/8242486.html,2008-10-28.

呈现。

（3）制度创新阶段。1992~1999年是中国劳动者工资分配制度改革的完善时期，在此阶段，以按劳分配为主体、多种分配方式并存的分配原则得以确立，企业内部开始试行岗位技能工资制等适应现代企业制度的分配制度，完善和创新了个人的收入分配。

（4）收入提高阶段。自2000年至今是中国劳动者工资分配制度改革的深化时期，在此阶段，企业内部管理者激励程度加大，譬如实施股权激励、年薪制、职务消费、绩效工资等；技术骨干人员普遍实行岗位工资制，按照岗位类别和企业绩效计提工资；与此同时，普通职工持股等激励措施也得以试点试行。

二、中国上市公司高管薪酬契约设计发展历程

改革开放以来，推进国有企业改革一直是中国整体经济体制改革的重点和中心环节，并且先后经历了扩大自主权、推行承包制、股份制等改革历程，均取得了一定的成效①。中国的经济和国有企业改革始于1978年的第十一届三中全会，根据 Liu 和 Gao（1999）、Sun 和 Tong（2003）的研究，整个改革的历程可以分为四个阶段：①1979~1983年的权力下放和利润留存（简称"放利让权"），以激励国有企业积极提高生产效率；②1983~1987年的采用银行贷款代替政府拨款（简称"拨改贷"），以降低政府的金融负担和使国有企业更加谨慎地使用自身的资本；③1987~1992年的政府对企业的"所有权剥离"，以扩大国有企业的经营自主性；④1992年至今的"公司化"，通过建立现代企业制度以提高国有企业的整体实力。

结合劳动者工资分配制度改革和国有企业改革的历程，可以归纳出中国上市公司高管薪酬契约的发展历程主要可以分为以下三个阶段：

---

① 新华网网站. 1999年：建立现代企业制度，http://news.xinhuanet.com/politics/2009-10/04/content_12178862.htm，2009-10-04.

（一）萌芽阶段（1978~1991年）

1978年改革开放后实行的"放利让权""拨改贷"以及"所有权剥离"等举措不断弱化政府的控制力，与此同时不断强化了企业的自主权，在这个过程中解放了劳动者的思想，分配关系得到有效调整，使得企业内部开始针对分配制度进行改革。

（二）变革阶段（1992~2005年）

从1992年开始，国有企业的"公司化"改革引导中国企业开始形成年薪制和股票期权制度等薪酬激励手段。通过试点，这种激励手段得以发展，并且开始出现了与企业绩效挂钩的考核方式。1995年开始，国有资产管理局明确规定了对国有资产进行保值增值考核，与此同时，制定了一系列包括销售利润率、资本收益等企业绩效评价指标。然而，为了保证公平而实施的年薪制与职工平均年薪挂钩的制度使基于绩效的年薪制激励效果不尽如人意，引发了国有企业"59岁现象"、腐败等行为，导致国有资产流失严重。1999年9月，中共十五届四中全会通过的《中共中央关于国有企业改革和发展若干重大问题的决定》中明确规定"要对国有大中型企业实行规范的公司制改革、建立与现代企业制度相适应的收入分配制度、经理层按照职责和贡献获得薪酬、职工工资按照当地社会平均工资和本企业经济效益决定、实行按劳分配，适当拉开差距"。2003年后，国务院国有资产监督管理委员会出台了一系列政策规范了企业管理者的薪酬激励设计，使得国有企业管理层的激励方式发生较大变化，薪酬制度改革亦获得实质性的进展。例如，2003年，国务院国有资产监督管理委员会发布的《中央企业负责人业绩考核暂行办法》明确规定"以企业利润总额和净资产收益率指标结合目标业绩的形式对管理者进行考核"。2004年国务院国有资产监督管理委员会发布《中央企业负责人薪酬管理暂行办法》对央企负责人的薪酬结构作了明确规定，要求"央企负责人的薪酬结构由基础薪酬、绩效薪酬、中长期激励薪酬三部分构成，其中，绩效薪酬与经营绩效相挂钩予以考核"。

(三) 完善阶段（2006年至今）

自2006年以来，国务院国有资产监督管理委员会陆续发布了一系列关于中央企业负责人薪酬的制定文件，逐渐完善央企高管市场化薪酬的制定方法。譬如，2006年，国务院国有资产监督管理委员会根据《中央企业综合绩效评价管理暂行办法》（国资委令第14号）制定了《中央企业综合绩效评价实施细则》，强调了绩效评价横向和纵向对比的重要性。2008年，国务院国有资产监督管理委员会根据《中央企业负责人经营业绩考核暂行办法》（国资委令第17号）制定了《中央企业负责人年度经营业绩考核补充规定》，首次提出"行业对标"的原则，突出了相对业绩评价的作用。2009年9月16日，人力资源和社会保障等六部门联合下发《关于进一步规范中央企业负责人薪酬管理的指导意见》（简称"限薪令"），专门对中央企业负责人的薪酬管理作出了严格规范。2012年11月，国务院国有资产监督管理委员会重新修订并发布《中央企业负责人经营业绩考核暂行办法》（国资委令30号），将年度考核指标中的净资产收益率替换为EVA（经济增加值），强调了EVA在相对业绩评价中的作用；同年12月4日，习近平总书记主持的中共中央政治局会议审议通过了中央政治局关于改进工作作风、密切联系群众的"八项规定"，其中着重对"招待、宴请和生活待遇"等进行限制性规定。为进一步深化国有企业改革，2016年2月25日，国务院国有资产监督管理委员会首度披露国有企业"十项改革试点"落实计划，明确提出"国有企业负责人薪资将实行'三轨制'，即组织任命的负责人实行严格薪酬限制、市场化选聘的管理者上限调控、职业经理人实行市场化薪酬分配机制"。2017年5月10日，国务院办公厅发布《国务院国资委以管资本为主推进职能转变方案》，明确规定了"强化激励约束，实现业绩考核与薪酬分配协同联动；对不同功能定位、不同行业领域、不同发展阶段的企业实行差异化考核"。

综上所述，本书认为，尽管近年来在公司高管薪酬制度的改革思路方面，政府所出台的一系列包括"限薪令""八项规定"等在内的政策文件限制了上市公司高管对于现金薪酬和控制权收益（在职消费）的过度摄取，但改革的

第三章 制度背景与上市公司高管薪酬、在职消费现状分析

总体方向是鼓励以高管薪酬与企业绩效挂钩的契约方式授予的,如鼓励企业采用股票期权激励方式、实行股权激励收益与业绩指标增长挂钩浮动等。总之,中国上市公司薪酬制度改革的方向是强化激励强度以提高高管的工作效率,进而促进企业经营绩效的提升,在这个过程中需要抑制的是高管权力日益膨胀下"自定薪酬"等高额摄取私人收益的行为。

第二节 高管薪酬现状分析

本节主要利用 2003~2015 年中国全行业上市公司年报中披露的高管薪酬数据进行特征性事实的描述性统计分析,分别从上市公司高管的薪酬水平和薪酬结构两个维度总结归纳出现阶段中国上市公司高管薪酬的现状及存在的问题。

一、上市公司高管薪酬水平分析

(一)高管—员工薪酬差距不断扩大

2008 年金融危机导致全球经济衰退的同时,中国部分上市公司的高管仍然获得丰厚的"天价薪酬",引起社会一片哗然①,高管与普通员工的薪酬差距问题受到社会广泛关注(陈晓珊,2017c)。2015 年 3 月,全球知名咨询合益集团(Hay Group)基于 110 多个国家 2.4 万家企业超过 1600 万人员的薪酬数据分析得出并发布的全球薪资报告中指出"在世界范围内,高管和员工之间的收入差距正在扩大,并且最大的薪酬差距出现在中国,中国企业的高管与低层员工的收入差距有 12.7 倍"。从表 3-1 中的统计数据可以看出,2003~

---

① 据新民网报道,2009 年年底平安人寿高管梁家驹税后薪酬为 1591.64 万元;2011 年,万科董事长王石的年薪为 1501 万元。

· 57 ·

2015年，中国上市公司高管与普通职工之间的绝对薪酬差距从15万元增加到74万元，13年间扩大了接近5倍。平均而言，高管年薪约为43.93万元，增长速度为11.13%，而普通员工年薪约为2.29万元，呈现负增长；高管与低层员工的收入差距有19.18倍[①]；薪酬差距为41.65万元，增速为11.73%。

表3-1　2003~2015年上市公司薪酬的均值和增长率统计

年份	高管平均工资（万元）	增长率（%）	员工平均工资（万元）	增长率（%）	薪酬差距（万元）	增长率（%）
2003	16.50	—	1.71	—	14.99	—
2004	20.09	17.84	3.41	49.87	16.64	9.95
2005	21.07	4.69	2.21	-54.25	18.89	11.91
2006	25.08	15.98	2.18	-1.28	22.74	16.93
2007	35.53	29.39	3.34	34.73	32.12	29.19
2008	38.89	8.65	3.27	-2.14	35.71	10.06
2009	42.54	8.58	2.69	-21.83	39.93	10.58
2010	51.69	17.70	2.94	8.50	48.89	18.32
2011	57.55	10.18	2.44	-20.42	55.25	11.51
2012	58.84	2.20	1.34	-82.02	57.50	3.91
2013	63.63	7.53	1.27	-5.06	62.20	7.56
2014	68.53	7.15	1.45	12.13	67.08	7.28
2015	71.14	3.66	1.54	6.00	69.59	3.60
平均	43.93	11.13	2.29	-6.31	41.65	11.73

资料来源：笔者整理。

过高的高管薪酬会导致公司内部薪资两极分化现象严重，内部员工会更加注重分配的平均性和公平性，容易出现所谓的"不患寡而患不均"的局面。鉴于中国上市公司高管与普通职工的薪酬差距正在不断加剧，因此迫切需要寻

---

① 根据合益集团（HayGroup）的报告，中国企业的高管与低层员工的收入差距有12.7倍，但根据本书的计算，目前中国上市公司高管与普通员工的薪酬差距已扩大为19.18倍，表明中国公司内部薪酬差距矛盾越发严重。

求缓解内部薪酬差距矛盾的方法。

（二）高管薪酬产权差异明显

不同产权性质的企业面临着来自政府不同程度的干预，呈现了不同的企业治理特征，因此在分析高管薪酬和在职消费的公司治理效应时，企业的产权性质是一个不可忽视的研究视角。基于产权性质视角，国有企业和民营企业的高管薪酬机制设计存在以下差异：

（1）国有企业高管的薪酬长期受到政府管制，而民营企业未有此类问题。近年来，政府部门持续出台一系列诸如"限薪令""八项规定""央企负责人业绩考核办法"① 等薪酬管制政策以对国有企业负责人的薪酬进行明确规范，尽管在这个实施过程中民营企业可能会受到这些政策的辐射，但是民营企业的董事会或薪酬制定委员会在制定管理层薪酬契约时仍然具有较大的主动性。

（2）相较于民营企业，国有企业的高管工资制度较为僵化。国有企业中经市场化选聘的高管人数非常有限，绝大部分高管是由政府直接任命②，使得高管薪酬的设计较为固化，基本实行行政工资制度；而民营企业的管理层更多的是从市场选聘的职业经理人，由于职业经理人市场压力的存在，使得民营企业对此类高管的薪酬激励设计较为灵活，基本实行市场化工资制度。

（3）相较于民营企业，国有企业高管激励计划较为多样化。国有企业高管的主要激励除薪酬水平之外，还有类似职务消费、政治晋升等隐性激励。由于国有企业高管货币薪酬长期受到政府管制，使得国有企业高管摄取的控制权

---

① 2009年9月16日，人力资源和社会保障部等六部门联合下发《关于进一步规范中央企业负责人薪酬管理的指导意见》（简称"限薪令"），从薪酬结构、薪酬水平、职务消费等方面对中央企业负责人薪酬管理作出了规范。2012年12月4日，习近平总书记主持召开中共中央政治局会议，审议通过了中央政治局关于改进工作作风、密切联系群众的"八项规定"，其中着重对"招待、宴请和生活待遇"等进行限制性规定，不可避免地会对中央企业和地方国有企业造成一定的影响。2016年12月12日，国务院国有资产监督管理委员会重新修订并发布《中央企业负责人经营业绩考核暂行办法》（国资委令33号），强调"坚持将企业负责人经营业绩考核结果同激励约束紧密结合，即业绩升、薪酬升，业绩降、薪酬降，并作为职务任免的重要依据"。

② 根据人民网的报道："中国国有企业中市场化选聘的高管占比非常小。自2003年以来，央企公示的高管人选中，来自本系统内部的占42%，来自具有国资背景的占47%，只有11%左右的人选来自外部。"http://finance.people.com.cn/n/2015/0914/c1004-27578594.html，2015-10-14。

收益（职务消费）会被默认为收入之一；此外，政治晋升也是高管隐性激励方式之一，譬如政商"旋转门"现象都是非常普遍的。

（4）相较于民营企业，国有企业高管薪酬—业绩敏感性较低。国有企业长期以来存在"一股独大""所有者缺位""内部人控制"等问题，使其相对于民营企业而言有着更为严重的委托—代理问题，并且其特殊的产权性质使其承担着部分政府责任，包括保证就业、参与救灾援助等，使得国有企业难以完全以股东利益最大化为基本目标，加上国有企业长期以来所实行的固化的行政工资制度，由此导致国有企业高管薪酬与企业绩效的敏感性较低（卢锐等，2011）。

从图3-1来看，国有企业和民营企业两种产权性质的企业的高管薪酬基本没有完全的领先优势。2009年前，国有企业和民营企业的高管薪酬均低于50万元，由于"限薪令"的实施，在随后两年，民营企业的高管薪酬暂时领先于国有企业。2011年，国有企业和民营企业高管平均薪酬基本持平，而在之后的2012年和2013年两年，国有企业高管平均薪酬明显高于民营企业，但在2014年和2015年，民营企业高管平均薪酬反超国有企业，薪酬水平超过70万元。

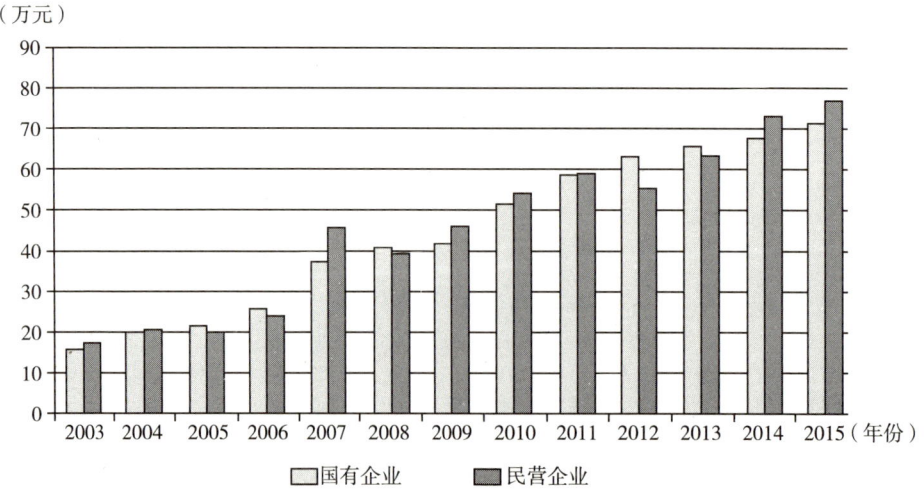

图3-1　2003~2015年国有企业与民营企业上市公司前三名高管平均薪酬比较

(三)高管薪酬行业差异明显

参照中国证监会在 2012 年发布的《中国上市公司行业分类指引》,本书将 2015 年沪深两市 A 股上市公司分为 18 个大类,如图 3-2 所示。可以看到,2015 年中国上市公司高管薪酬存在较明显的行业差异,其中,农、林、牧、渔业上市公司高管平均薪酬最低,行业均值仅为 38.74 万元,随后为建筑业、卫生和社会工作行业,这两个行业的上市公司前三名高管平均薪酬分别为 46.16 万元和 46.46 万元,上述三个行业的上市公司高管薪酬处于相对中下水平;上市公司高管薪酬处于中等收入水平的行业包括水利、环境和公共设施管理业,电力、热力、燃气及水生产和供应业,教育行业,住宿和餐饮业行业,采矿业,制造业,综合类行业,租赁,商务服务业八个行业,这些行业的上市公司前三名高管平均薪酬分别为 52.93 万元、56.26 万元、58.33 万元、59.49 万元、61.64 万元、62.49 万元、67.77 万元、68.08 万元;上市公司高管薪酬处于中上水平的行业包括文化、体育和娱乐业,批发和零售业,科学研究和技

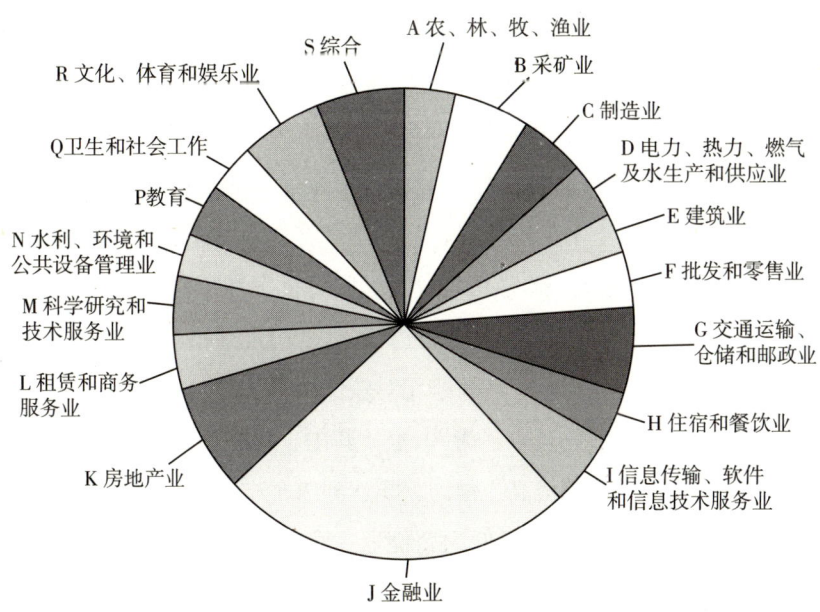

图 3-2 2015 年上市公司前三名高管平均薪酬的行业比较

术服务业，信息传输、软件和信息技术服务业四个行业，其上市公司前三名高管平均薪酬水平分别为 71.68 万元、73.47 万元、73.78 万元、74.32 万元；而上市公司高管薪酬水平属于顶层水平的行业包括交通运输、仓储和邮政业，房地产业，金融业三个行业，其上市公司前三名高管平均薪酬水平分别为 105.93 万元、119.94 万元、295.40 万元。

进一步地，我们将 18 个大类行业再细分为 74 个小类，如表 3-2 所示。可以看到，2015 年中国二类行业的上市公司高管薪酬差距也是非常明显的。归属农、林、牧、渔业的上市公司数量较少，仅有 24 家，其中，林业部门的上市公司高管平均薪酬最低，年人均 21.00 万元，薪酬最高为畜牧业上市公司，年人均 64.26 万元。归属采矿业的上市公司数量也较少，为 64 家，其中，黑色金属采矿选业部门的上市公司前三名高管平均薪酬最低，为 44.95 万元，薪酬最高为石油和天然气开采业，平均年薪为 76.93 万元。归属制造业的上市公司数量最多，达到 1019 家，其中，石油加工、炼焦及核燃料加工业的上市公司前三名高管平均薪酬水平最低，年人均 37.55 万元，薪酬最高的行业为食品制造业，高管平均年薪为 104.08 万元，两者差距非常大。归属电力、热力、燃气及水生产和供应业的上市公司数量为 81 家，并且下属二类行业部门的上市公司高管平均薪酬较为接近，电力、热力的生产和供应业、燃气生产和供应业、水的生产和供应业三个部门的上市公司高管平均薪酬分别为 53.83 万元、55.45 万元、59.51 万元。归属建筑业的上市公司数量为 43 家，其中，房屋建筑业上市公司前三名高管平均薪酬为 29.87 万元，土木工程建筑业上市公司前三名高管平均薪酬为 63.59 万元，两者相差接近 34 万元，差距相对较大。归属批发和零售业部门的上市公司数量较多，为 121 家，零售业部门上市公司高管平均薪酬相对较高，为 84.59 万元，批发业部门上市公司高管平均薪酬相对较低，为 62.35 万元。交通运输、仓储和邮政业的上市公司数量较少，为 71 家，其中，装卸搬运和运输代理业的上市公司前三名高管平均薪酬最高，年均薪酬达到 305.67 万元；航空运输业次之，高管年均薪酬为 102.77 万元；最低为仓储业，高管年均薪酬为 43.43 万元。住宿和餐饮业的上市公司数量非常少，仅为 8 家，住宿业和餐饮业两个二类部门的上市公司高管平均薪酬基本处于中等水平，分别为 50.65 万元和 68.33 万元。信息传输、软件和信息技术服务业的上市公司共为95家,其下属二类行业的上市公司高管薪酬水平较为接近,平均约为74.32万元。金融业的上市公司为45家,其中,保险行业上市公司以501.46万元的高管平均薪酬位居所有行业的首位;资本市场服务业、其他金融业、货币金融服务业分别以360.56万元、168.69万元和150.91万元紧随其后。房地产业的上市公司为118家,其高管薪酬水平同样较高,年平均薪酬达到119.94万元。租赁和商务服务业、科学研究和技术服务业的上市公司分别为17家和13家,其中,租赁业、研究和试验发展业的上市公司高管薪酬分别约为商务服务业、专业技术服务业上市公司高管薪酬的一半。水利、环境和公共设施管理业的上市公司为21家,其下属两个二类行业部门的上市公司高管薪酬水平基本一致,约为52.93万元。教育行业仅有一家上市公司,高管年平均薪酬为58.33万元,而卫生和社会工作行业只有两家上市公司,高管年平均薪酬为46.46万元。文化、体育和娱乐业的上市公司共为30家,其中,新闻和出版业,广播、电视、电影和影视录音制造业上市公司高管薪酬基本相同,约为77.61万元;而文化艺术业上市公司高管薪酬水平相较上述两个行业而言较低,仅为59.83万元。综合类行业的上市公司有21家,其高管平均薪酬为67.77万元,属于中等水平。如表3-2所示。

表3-2 2005年上市公司前三名高管平均薪酬的行业均值统计

证券会行业分类代码	证券会行业分类名称	高管薪酬(万元)	公司数量
A 农、林、牧、渔业	A01 农业	41.85	12
	A02 林业	21.00	3
	A03 畜牧业	64.26	4
	A04 渔业	31.80	4
	A05 农、林、牧、渔服务业	34.81	1
B 采矿业	B06 煤炭开采和洗选业	49.08	26
	B07 石油和天然气开采业	76.93	3
	B08 黑色金属矿采选业	44.95	8
	B09 有色金属矿采选业	72.68	20
	B11 开采辅助活动	64.55	7

续表

证券会行业分类代码	证券会行业分类名称	高管薪酬（万元）	公司数量
C 制造业	C13 农副食品加工业	66.99	19
	C14 食品制造业	104.08	20
	C15 酒、饮料和精制茶制造业	76.64	33
	C17 纺织业	50.96	23
	C18 纺织服装、服饰业	61.84	10
	C19 皮革、毛皮、羽毛（绒）及其制品业和制鞋业	40.15	4
	C20 木材加工及木、竹、藤、棕、草制品业	60.17	4
	C21 家具制造业	66.23	4
	C22 造纸及纸制品业	52.53	15
	C23 印刷业和记录媒介的复制	73.02	3
	C24 文教、工美、体育和娱乐用品制造业	46.79	3
	C25 石油加工、炼焦及核燃料加工业	37.55	16
	C26 化学原料及化学制品制造业	61.68	106
	C27 医药制造业	82.77	99
	C28 化学纤维制造业	42.15	14
	C29 橡胶和塑料制品业	58.30	27
	C30 非金属矿物制品业	66.91	55
	C31 黑色金融冶炼及压延加工业	79.68	28
	C32 有色金属冶炼及压延加工业	42.41	34
	C33 金融制品业	75.50	19
	C34 通用设备制造业	51.55	56
	C35 专用设备制造业	56.41	101
	C36 汽车制造业	81.02	55
	C37 铁路、船舶、航空航天和其他运输设备制造业	55.92	27
	C38 电气机械和器材制造业	70.24	92
	C39 计算机、通信和其他电子设备制造业	81.21	123
	C40 仪器仪表制造业	47.72	23
	C41 其他制造业	59.37	6

续表

证券会行业分类代码	证券会行业分类名称	高管薪酬（万元）	公司数量
D 电力、热力、燃气及水生产和供应业	D44 电力、热力的生产和供应业	53.83	57
	D45 燃气生产和供应业	55.45	10
	D46 水的生产和供应业	59.51	14
E 建筑业	E47 房屋建筑业	29.87	1
	E48 土木工程建筑业	63.59	35
	E50 建筑装饰和其他建筑业	45.02	7
F 批发和零售业	F51 批发业	62.35	54
	F52 零售业	84.59	67
G 交通运输、仓储和邮政业	G53 铁路运输业	48.70	3
	G54 道路运输业	52.40	25
	G55 水上运输业	82.61	25
	G56 航空运输业	102.77	12
	G58 装卸搬运和运输代理业	305.67	1
	G59 仓储业	43.43	5
H 住宿和餐饮业	H61 住宿业	50.65	7
	H62 餐饮业	68.33	1
I 信息传输、软件和信息技术服务业	I63 电信、广播电视和卫星传输服务业	72.61	11
	I64 互联网和相关服务业	80.65	9
	I65 软件和信息技术服务业	69.69	75
J 金融业	J66 货币金融服务业	150.91	14
	J67 资本市场服务业	360.56	22
	J68 保险业	501.46	4
	J69 其他金融业	168.69	5
K 房地产业	K70 房地产业	119.94	118
L 租赁和商务服务业	L71 租赁业	45.53	2
	L72 商务服务业	90.63	15
M 科学研究和技术服务业	M73 研究和试验发展	55.25	2
	M74 专业技术服务业	92.30	11
N 水利、环境和公共设施管理业	N77 生态保护和环境治理业	53.37	10
	N78 公共设施管理业	52.49	11
P 教育	P82 教育	58.33	1

续表

证券会行业分类代码	证券会行业分类名称	高管薪酬（万元）	公司数量
Q 卫生和社会工作	Q83 卫生	46.46	2
R 文化、体育和娱乐业	R85 新闻和出版业	77.40	17
	R86 广播、电视、电影和影视录音制作业	77.82	10
	R87 文化艺术业	59.83	3
S 综合	S90 综合	67.77	21

资料来源：笔者整理。

从图 3-3 可以非常直观地看出，中国上市公司间高管薪酬的行业差异较大。其中，保险行业（J68）的上市公司高管薪酬水平遥遥领先，其后为资本市场服务业（J67）、其他金融业（J69）和货币金融服务业（J66）。装卸搬运和运输业（G58）、房地产业（K70）的上市公司高管薪酬水平分别位居第五位和第六位。而林业（A02）、房屋建筑业（E47）的上市公司高管薪酬水平最低，年均薪酬低于 30 万元。农、林、牧、渔服务业（A05），渔业（A04），石油加工、炼焦及核燃料加工业（C25），皮革、毛皮、羽毛（绒）及其制品

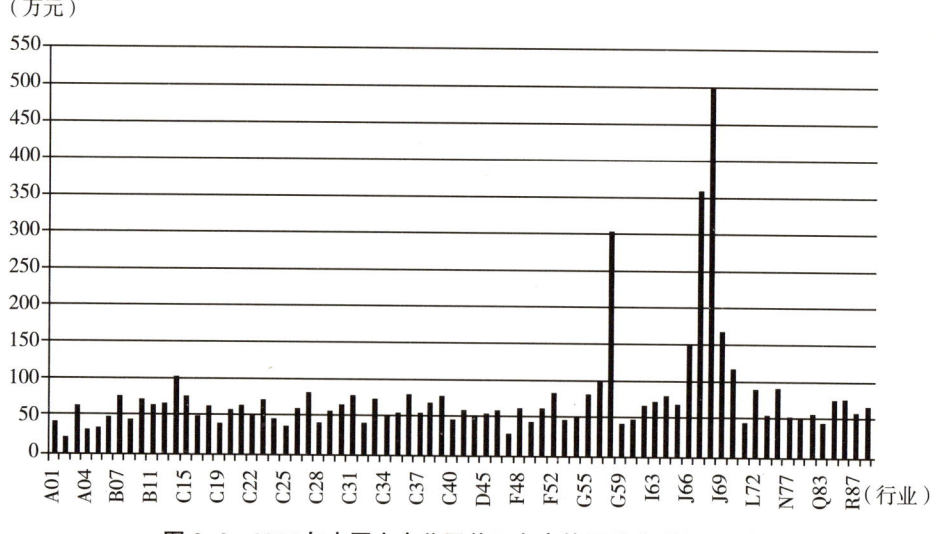

图 3-3　2015 年中国上市公司前三名高管平均薪酬行业比较

业和制鞋业（C19）等行业的上市公司的高管薪酬水平相比林业和房屋建筑业而言略高，高管年平均薪酬基本徘徊在 30 万~40 万元。除了上述行业外，其他绝大部分行业的上市公司高管平均薪酬低于 100 万元，部分行业上市公司高管薪酬徘徊在 50 万元上下。

（四）异质性企业高管薪酬差距大

企业异质性的综合体现是生产率的差异，而生产率的差异主要由于企业规模、产权性质、内部治理、外部竞争、生产技术、资本密集度等方面的特征差异导致。易靖韬等（2015）对"企业异质性"的刻画主要是从企业规模和企业财务杠杆两个角度进行；邵敏（2011）对"企业异质性"的刻画主要从企业规模、竞争能力、财务状况、成立时间、隶属关系等方面进行。基于数据可获得性及统计目的，本书分别选择产品市场竞争、股权集中度、独立董事比例、两职兼任情况、董事会规模、监事会规模、企业规模、企业杠杆水平[①]等企业特征作为异质性的代表性指标来统计不同类型企业的高管薪酬情况。如表3-3 所示。

表 3-3　2003~2015 年异质性上市公司前三名高管平均薪酬的描述性统计

企业异质性特征	层次	公司数量（家）	均值（万元）	标准差（万元）	最小值（万元）	最大值（万元）
区分产品市场竞争程度	高产品市场竞争	5947	32.60	32.97	2.69	318.63
	中产品市场竞争	5935	45.54	46.74	2.69	318.63
	低产品市场竞争	5938	60.70	62.14	2.69	318.63
区分股权集中度	股权集中	8442	44.76	45.49	2.69	318.63
	股权分散	9956	47.24	53.47	2.69	318.63

---

① 产品市场竞争按公司主营业务利润率的高低将样本平均分为 9 组，将最低的 3 组定义为高竞争组，将中间 3 组定义为中竞争组，将最高的 3 组定义为低竞争组。股权集中度以上市公司第一大股东持股比例衡量，依据样本数据统计，以 37% 为界点。董事会规模以 9 人为界点。其中，独立董事比例以 0.33 为界点。监事会规模以 4 人为界点。企业规模和企业杠杆水平分别以企业总资产取对数和总负债与总资产的比值表示，依据样本数据统计，分别以 22 和 0.49 为界点。

续表

企业异质性特征	层次	公司数量（家）	均值（万元）	标准差（万元）	最小值（万元）	最大值（万元）
区分独立董事比例	独立董事比例高	17442	47.09	50.12	2.69	318.63
	独立董事比例低	956	28.05	43.76	2.69	318.63
区分两职兼任	两职兼任	2625	50.03	49.28	2.69	318.63
	两职分离	15773	45.45	50.07	2.69	318.63
区分董事会规模	董事会规模大	4958	55.23	63.85	2.69	318.63
	董事会规模小	4707	41.96	42.27	2.69	318.63
区分监事会规模	监事会规模大	7328	48.30	56.23	2.69	318.63
	监事会规模小	10457	44.52	44.92	2.69	318.63
区分企业规模	企业规模大	6469	72.77	67.32	2.69	318.63
	企业规模小	11929	31.64	28.30	2.69	318.63
区分企业杠杆水平	企业杠杆水平高	9112	47.90	56.84	2.69	318.63
	企业杠杆水平低	9286	44.34	42.10	2.69	318.63

资料来源：笔者整理。

从表3-3的统计结果来看，异质性上市公司高管薪酬差距较为明显，高管平均薪酬和标准差在不同的分样本中都呈现不同的数值，但无论是基于何种企业特征的分组，不同子样本中高管薪酬的最小值和最大值均保持一致。从总体上看，企业异质性特征与高管薪酬均值、标准差等的关系具体体现在以下几个方面。

第一，产品市场竞争与高管平均薪酬和高管间的薪酬差距均呈负相关关系。随着产品市场竞争激烈程度的减弱，高管平均薪酬和标准差均相应提高，对应高竞争→中竞争→低竞争三个组别，高管平均薪酬分别为32.60万元→45.54万元→60.70万元，高管薪酬标准差分别为32.97万元→46.74万元→62.14万元。

第二，企业股权集中度与高管平均薪酬和薪酬差距均呈负相关关系。股权集中度较高的上市公司的高管平均薪酬和标准差都明显小于股权相对分散的上市公司，表明股权集中度越高的公司，股东对管理层起到一定的监管作用，有效防止了管理层利用权力干涉薪酬制定的行为。

第三，独立董事比例与高管平均薪酬和高管间的薪酬差距呈正相关关系。从公司数量看，中国95%的上市公司存在较高的独立董事比例，这些公司的高管平均薪酬为47.09万元，薪酬差距为50.12万元；而剩下的5%独立董事比例较低的公司，高管薪酬均值仅为28.05万元，标准差为43.76万元，表明中国上市公司独立董事对管理层的监督作用并不明显。

第四，董事长与总经理两职兼任与高管平均薪酬正相关，与高管间的薪酬差距负相关。从公司数量看，中国仅14%的上市公司设置两职兼任的结构，这些公司的高管平均薪酬为50.03万元，标准差为49.28万元；而在86%的设置两职分离的上市公司中，高管平均薪酬为45.45万元，但薪酬差距达到50.07万元，表明这种两职兼任的结构安排极大地强化了管理层权力，使管理层获得较高的薪酬。

第五，董事会、监事会规模均与高管平均薪酬和薪酬差距呈正相关关系。董事会和监事会规模较大的上市公司，高管平均薪酬和薪酬差距都较大，其中，董事会规模大的公司高管平均薪酬达到55.23万元，薪酬差距达到63.85万元，充分印证了既有文献对董事会"治理尴尬"的研究结论，即规模越大越不能发挥对管理层的监督作用；监事会独立于董事会而存在，主要起到监督董事会和管理层滥用职权的作用，监事会规模越大的公司高管平均薪酬为48.30万元，标准差为56.23万元，明显小于董事会规模大的公司。

第六，企业规模和企业杠杆水平与高管平均薪酬和薪酬差距呈现正相关关系。从公司数量看，中国35%的公司规模较大，其高管平均薪酬达到72.77万元，薪酬差距为67.32万元；而65%的小规模公司，其高管平均薪酬和薪酬差距都较小。此外，财务杠杆水平较高的上市公司的高管平均薪酬和标准差分别为47.90万元、56.84万元，明显大于财务杠杆水平较低的公司。

二、上市公司高管薪酬结构分析

中国上市公司现行的高管薪酬信息披露制度相对不完善，存在较大范围的监管漏洞。近年来，"天价薪酬""薪酬—业绩倒挂""薪酬黏性""运气薪酬"等现象层出不穷，引起了社会公众和学者的普遍关注（方军雄，2009；Bertrand 和 Mullainathan，2001；沈艺峰和李培功，2010；孙林和李维安，2016）。

从文献总结和现实观察来看，目前社会公众对上市公司高管薪酬不满的两个原因分别为：一是高管薪酬水平过度虚高；二是高管薪酬与企业绩效敏感性较差。美国等发达国家经常利用税收制度来规范上市公司的高管薪酬，针对前者，主要是通过设定一个相对合理并可被普遍接受的薪酬阈值，对高于阈值的范围征收高额税率或规定不享受税收优惠政策；针对后者，主要是利用税收政策中对于个别薪酬形式的倾向，鼓励企业设计与绩效相关性更大的薪酬契约。然而，实践证明，在薪酬—绩效敏感性增强的同时高管薪酬水平同样上升（邱茜，2011），这说明税收制度的调节作用会带来一种恶性循环，其并不一定适用于企业薪酬结构的调整。从中国的实际情况来看，目前中国上市公司高管薪酬结构主要以短期薪酬激励为主，并且其与企业绩效的关联程度有所降低，但是关于如何调整以及设计更加合理的薪酬结构仍处于探索阶段。

（一）高管薪酬激励以短期货币激励为主

从全行业来看，中国上市公司高管薪酬结构不尽合理，薪酬契约的设计目前仍处于探索阶段。由于上市公司仅被要求在年报中披露高管的薪酬水平和持股比例，对于薪酬的结构成分以及各成分的占比等信息不要求强制披露，因而关于上市公司高管薪酬的细致划分单从年报或者数据库无法获得。鉴于数据的可得性，本书仅分析高管薪酬中关于股权激励的变化情况。2003~2015 年中国上市公司高管平均持股比例呈现递增趋势，其中，2009~2011 年增长速度非常快，增速达 95%。然而，尽管股权激励计划正在逐步推广，但目前高管持股比例仍然较低，最高值仅为 7.41%，充分表明了中国高管薪酬激励仍以短期货币激励为主。如图 3-4 所示。

第三章 制度背景与上市公司高管薪酬、在职消费现状分析

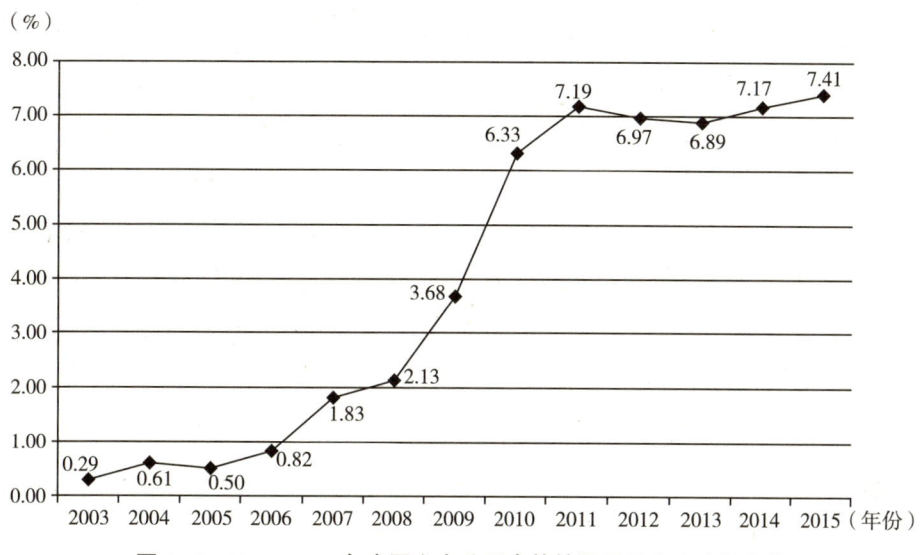

图 3-4　2003~2015 年中国上市公司高管持股平均水平变化趋势

(二) 高管薪酬与企业绩效脱钩

根据委托—代理理论和最优契约理论，为缓解高管与股东之间的代理问题，上市公司董事会或薪酬委员会一般考虑将高管薪酬与本企业的业绩紧密挂钩，通过设计较高的薪酬—业绩敏感性指标来鼓励高管积极工作，同时规避高管的机会主义行为，薪酬—业绩敏感性越强意味着激励合约越能发挥有效的缓解代理问题的作用。

国内外在对高管薪酬治理机制的理论和经验研究中普遍认同高管薪酬对企业绩效的影响路径是：薪酬激励↔管理者行为↔企业绩效；并且由于该影响路径是双向的，使国内外对薪酬—业绩敏感性的研究分别基于两种假设进行：一是"业绩决定薪酬"，二是"薪酬决定业绩"（方红星和刘鼎嵋，2015）。其中，基于"业绩决定薪酬"的研究认为，企业业绩的好坏决定了管理者薪酬的高低将管理者的薪酬作为因变量；基于"薪酬决定业绩"的研究认为，管理者薪酬的高低决定了企业业绩的好坏，将企业业绩作为因变量。

综观已有文献，国内外研究较多沿用了 Jensen 和 Murphy（1990）的模

型，即假设"业绩决定薪酬"，并且该假设已成为目前学者对高管薪酬—业绩敏感性的主要研究思路。理论上，高管薪酬可以简单表示为线性形式的方程，即 $W=\alpha+\beta \times P$，其中，α 为固定底薪，不与企业业绩挂钩；P 是企业业绩；系数 β 即为薪酬—业绩敏感性。本书沿袭"业绩决定薪酬"假设的研究思路，借鉴 Masson（1971）的方法对样本企业的高管薪酬—业绩敏感性进行测算，如图3-5所示。可以看到，2003~2015年中国上市公司高管薪酬—业绩敏感性呈波浪形分布，但整体呈现下降趋势，充分表明中国上市公司高管薪酬与企业绩效逐渐出现脱钩现象。

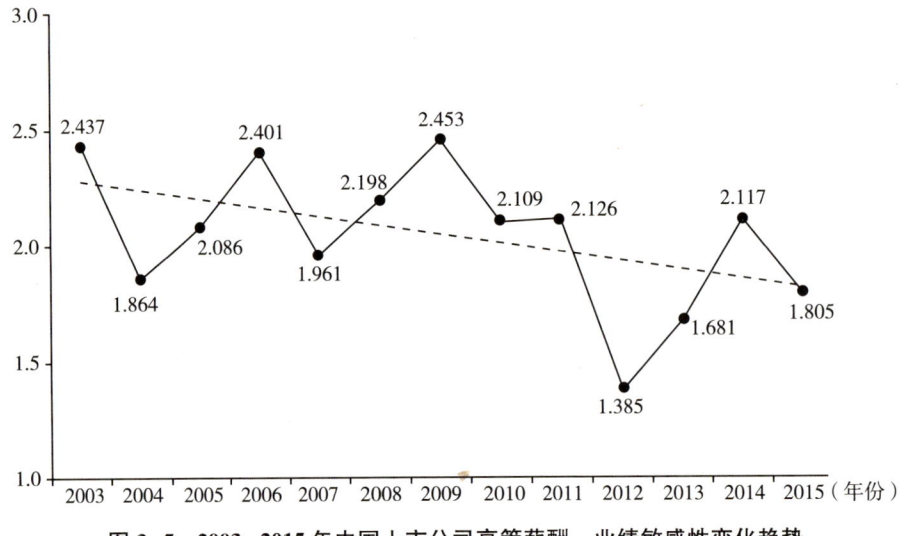

图3-5　2003~2015年中国上市公司高管薪酬—业绩敏感性变化趋势

注：高管薪酬—业绩敏感性指标根据 Masson（1971）的方法测算。

第三节　高管在职消费现状分析

本节同样利用2003~2015年中国上市公司年报中披露的公司管理费用和

相关企业财务数据进行描述性统计分析,分别从上市公司高管在职消费水平和制度两个维度总结归纳出现阶段中国上市公司高管在职消费的现状以及存在的问题。

一、上市公司高管在职消费水平分析

(一) 国有企业与民营企业高管在职消费差异明显

在职消费同时发挥着"效率观"和"代理观"两个维度的作用,一方面,其作为一种隐性激励,有助于提升高管的工作积极性,从而增加公司价值;另一方面,其作为一种代理成本,会增加公司的经营费用,从而降低公司绩效。无论何种产权性质的企业,在职消费均会产生同样的"价值提升效应"和"绩效抑制效应",不同的是,这两种效应的大小在不同产权性质企业中可能不完全一致。

由于薪酬管制政策的存在,国有企业高管薪酬普遍较低,严重影响了企业内部人的积极性和创造性,并且国有企业的高管一般由直接任命的方式产生,使得其薪酬形式较为唯一和僵化,极易诱发过度"职务消费"和"59岁现象",同时也会造成高管人才大量流失以及优质高管人员供求短缺等。而民营企业的高管经市场选聘而来,其薪酬由企业内部董事会或薪酬委员会根据高管的经营能力和业绩表现制定,形式较为灵活。

国内学者的研究表明,国有企业高管在职消费水平普遍高于民营企业高管的在职消费水平。譬如,陈冬华等(2005)研究发现,薪酬管制会导致国有企业经理层选择更高的在职消费。张曙光(1996)、何浚(1998)、罗宏和黄文华(2008)等均认为,国有企业存在事实上的"所有者缺位",企业内部监督不足等现象严重,并且由于政府实施薪酬管制导致显性激励不足,所以国有企业内部人会选择更多地摄取在职消费等控制权收益。上述文献的研究结论与中国上市公司的实际数据相匹配,据统计,2003~2015年中国国有上市公司高管在职消费水平①均值为24.519，而民营上市公司高管在职消费水平平均值仅为3.617，表明国有企业高管在职消费水平相对高于民营企业。

此外，数据统计显示，"八项规定"实施前（2003~2012年），中国上市公司高管在职消费水平平均值为20.255，而"八项规定"实施后（2013~2015年），中国上市公司高管在职消费水平均值为2.101，这充分表明，"八项规定"的实施具有一定的政策效果，高管在职消费水平在政策实施后明显下降。

（二）高管在职消费激励效率低下

目前，中国上市公司高管在职消费的用途不规范导致其激励效率低下。根据管理层权力理论，随着管理层权力的增长，管理层有强烈的主观动机通过在职消费的方式摄取私人收益，同时通过对公司的控制权来影响董事会对管理层自身的薪酬制定过程，并且这种租金汲取能力会随着管理层权力的增大而增强，从而达到自定薪酬的结果（Bebchuk，2003）。王新等（2015）指出，在管理层权力增大及货币薪酬对在职消费的替代作用越强管理层越可能滥用在职消费，导致其产生激励扭曲。张铁铸和沙曼（2014）认为，高管薪酬过高容易引发公众对收入差距的"愤怒"，导致高管声誉受损，此时，理性的高管有动机隐藏其寻租行为，而在职消费的隐蔽性正好有助于掩盖高管进行更大程度的"寻租"。在这种情况下，高管会更多地利用其对公司的控制权来获取更高水平的在职消费等控制权收益，使在职消费更多地以代理成本的形式呈现，进而导致激励扭曲现象的产生。

二、上市公司高管在职消费制度分析

尽管在职消费作为高管的一种隐性激励，能够有效地提高公司价值，但其作为公司代理成本的一部分，不可避免地具有反向效果。随着国家审计署对央

---

① 本书的在职消费水平采用管理费用率（管理费用/主营业务收入）进行刻画，因此没有量纲。

企收支情况的审核信息披露,中国部分央企存在内部管理混乱、职务消费现象严重等问题,从而使高管在职消费的代理成本引起社会舆论和学者的普遍关注。这揭示了,目前中国上市公司高管在职消费仍然存在制度上的信息披露不足和监管漏洞等问题。

(一)高管在职消费透明度低

迄今为止,中国政府尚未出台相关上市公司在职消费的披露政策和审计规则,换言之,中国上市公司内部仍缺乏对高管在职消费行为的硬性规定和制度规范。由于高管在职消费行为的透明度较低,导致学者在进行经验研究时,只能从公司年报中所披露的"支付的其他与经营活动有关的现金流量""管理费用""销售费用"等公开信息来间接获得在职消费水平的数据,数据的精确性较弱使得相关研究局限性较大。

(二)高管在职消费缺乏监督和约束

目前,中国上市公司并未真正将高管在职消费的行为和水平纳入日常制度建设中,使得相关的监督、约束和惩罚机制较为缺乏,进而导致企业内部管理混乱,代理成本高昂,管理层在职消费现象严重。据媒体报道,2012年中国铁建集团业务招待费竟高达8.37亿元。这揭示了,中国上市公司高管在职消费缺乏有效的监督和约束机制,不能单靠媒体曝光,需要建立起真正的监督和惩罚机制。

第四节 本章小结

首先,本章回顾了中国劳动者工资分配制度的改革历程,相对应地,采用时间维度并分别从萌芽阶段(1978~1991年)、变革阶段(1992~2005年)和完善阶段(2006年至今)三个时间阶段清晰地展示了中国上市公司高管薪酬契约设计的演变和发展过程。

随后,本章分别利用中国沪深两市 2003~2015 年 A 股上市公司的微观数据,定量和定性剖析了中国上市公司目前高管薪酬和在职消费的现状,以期为后文的理论和实证研究奠定一定的现实基础。关于高管薪酬的水平分析发现,目前中国上市公司高管—员工薪酬差距不断扩大、国有企业和民营企业高管薪酬存在显著差异、高管薪酬行业差异较为明显、异质性企业高管薪酬差距较大等;结构分析发现,目前中国上市公司高管薪酬激励以短期货币激励为主、高管薪酬与企业绩效脱钩。关于高管在职消费的水平分析发现,目前中国上市公司中国有企业和民营企业高管在职消费差异明显、高管在职消费激励效率低下;制度分析发现,目前中国上市公司高管在职消费透明度低、高管在职消费缺乏监督和约束。

第四章 高管薪酬与在职消费的公司治理效应研究

第一节 引言

根据最优契约理论,高管薪酬契约设计一直以来被认为是解决委托—代理问题的一种重要机制。然而,中国企业尤其是国有企业,高管的薪酬激励作用长期受到扭曲(辛清泉等,2007)。一方面,国有企业特殊的产权性质使其面临着"所有者虚位"现象,导致了相当严重的内部人控制问题;另一方面,政府长期对国有企业高管实施薪酬管制,使得高管货币薪酬激励不足,只能选择在职消费等替代性激励,寻求获取最大限度的隐性激励来弥补显性激励的不足(陈冬华等,2005),导致个别国有企业的高管"奢靡消费"现象相当严重[①]。如此看来,高管在职消费似乎是一种矛盾体,其既作为高管的替代性激励,必然有其治理作用,但其又会浪费企业资源,损害企业利益。因此,学界对此问题的探讨引申出在职消费的"代理观"和"效率观"两个对立的观点。

[①] 据媒体报道,中石化集团公司原总经理、中石化股份有限公司原董事长陈同海日均挥霍超过4万元。深圳信维通信股份有限公司(300136)在2012年的年报中,披露了多达100多万元的高尔夫会员会费。

近年来，随着高管薪酬制度改革的不断推进，高管在职消费作为隐蔽性收入引起了学者们的广泛关注。与传统的货币薪酬激励相比，在职消费对公司绩效是否具备治理效应？两种机制的公司治理效应孰大孰小以及是否会受企业异质性的影响？特别地，在中国企业的具体实践中，是支持在职消费的"代理观""效率观"，抑或两者结合？围绕上述问题，本章将通过理论和实证加以详细分析。

第二节 理论分析与研究假设

一、高管薪酬与公司绩效：正向激励作用

由于股东天然处于信息劣势，无法完全观察到公司高管的工作积极性和努力程度，因此，将高管薪酬与公司绩效相挂钩是信息不对称环境下的最优选择。现有文献基本发现高管薪酬与公司绩效之间存在显著的正相关关系，并且随着国有企业高管市场化薪酬改革进程的不断推进和深化，高管薪酬—业绩敏感性逐步提高，部分上市公司已经具有"业绩型薪酬契约"的特征（辛清泉等，2007；方军雄，2012）。

从文献总结来看，目前学界关于高管薪酬与公司绩效之间关系的观点较为一致。国外学者如 Murphy（1985）、Hall 和 Liebma（1998）、Canarella 和 Gasparyan（2008）、Conyon（2011）、Kevin（2011）、Elizabeth 和 Krauter（2012）等以及国内学者张俊瑞等（2003）、薛求知和韩冰洁（2007）、周仁俊等（2010）均指出，管理层薪酬水平与公司经营绩效之间存在显著的正相关关系。曲亮和任国良（2010）研究发现，高管薪酬与公司价值存在明显的正"U"形关系，当薪酬超过一定额度后，会呈现出边际递增的激励效果。吴育辉和吴世农（2010）认为，高管薪酬与资产报酬率（ROA）正相关，但与股

票收益率、资产获现率等公司绩效的代理变量没有显著的相关性，并且非国有企业的高管薪酬激励会显著提高代理成本，证实了中国上市公司高管薪酬激励机制确实存在一定的扭曲现象。陶萍等（2016）、盛明泉和车鑫（2016）的研究结论均支持高管薪酬激励对公司绩效的正向促进作用。

本书认为，中国上市公司高管薪酬具有明显的激励作用。从现实情况看，薪酬水平高低经常是公司吸引人才的主要手段，并且薪酬高低也体现了高管任职职位的重要性和市场价值。高管薪酬契约的建立保证了高管以股东利益最大化的原则行事，可以认为，高管薪酬与公司绩效之间应该存在正相关关系。

基于上述分析，本书提出如下假设：

假设4-1：高管薪酬与公司绩效之间存在显著的正相关关系。

二、在职消费与公司绩效："代理观"与"效率观"

学界关于高管在职消费与公司绩效之间关系的研究形成两种对立的观点。支持高管在职消费"代理观"的学者认为，高管利用职权谋求职务消费会造成公司资源浪费，进而损害公司利益（Hart，2001；Yermack，2006；卢锐等，2008；张力和潘青，2009）；支持高管在职消费"效率观"的学者认为，高管在职消费同样是一种激励方式，其可以有效和快速地提升管理层的工作热情，进而提升公司的经营绩效（陈冬华等，2010；Adithipyangkul 等，2011）。

具体而言，冯根福和赵珏航（2012）证明了高管在职消费与公司绩效之间的负相关性，并且发现管理层持股能够制约在职消费。李艳丽等（2012）经过实证研究发现，高管在职消费会显著降低公司绩效，并且在代理成本较高的公司中，边际效应更加显著。罗宏和黄文华（2008）指出，高管在职消费水平与公司绩效的相关性存在最终控制人性质差异，国有最终控制公司表现出显著的负相关关系。

相反地，Rajan 和 Wulf（2006）指出，在职消费能够有效提高高管的努力程度，进而提高公司绩效，并且这种提升效应在现金流量大、投资前景有限的企业中更加显著。孙世敏等（2016）实证检验了在职消费的经济性质、经济效应及公司治理之间的关系，发现中国上市公司的高管在职消费包括货币薪酬补充、正常职务消费以及自娱性消费三种成分，并且前两者占主导地位，支持了"效率观"，此外，这种"效率观"在股权集中度高、机构投资者持股比例高的公司中更加明显。

本书认为，高管在职消费的双重理论属性都有其存在的合理性，两者并不是完全对立的，而是存在内在逻辑上的一致性。一方面，在货币薪酬激励不足以及公司正常经营需要的基础上，给予高管适量的在职消费有助于提升高管的工作效率和忠诚度，进而提升公司价值和股东利益，此时的在职消费表现为"效率观"；另一方面，在职消费是高管与股东之间的代理问题所产生的代理成本的一种表现形式，高管在攫取大量私人收益的同时不可避免地会造成公司资源浪费，从而损害股东利益和降低公司绩效，此时的在职消费表现为"代理观"。从上述分析可以明确，高管在职消费究竟是呈现为"效率观"还是"代理观"关键在于在职消费"度"的把握。正如Fama（1980）所言，"只有当事后薪资调整不足以弥补在职消费所损耗的公司资源时，在职消费才表现为代理成本"。适量的在职消费所发挥的正向边际效应比较大，但超过一定范围的在职消费所发挥的负向边际效应也比较大，这说明了在职消费与公司绩效之间的关系应该是呈倒"U"形特征，即在职消费对公司绩效的影响会由正向提升逐渐转为负向抑制。

基于上述分析，本书提出如下假设：

假设4-2：高管在职消费与公司绩效之间存在显著的倒"U"形关系。

三、高管薪酬与在职消费的公司治理效应：替代抑或互补

从激励的角度看，高管货币薪酬和在职消费分别作为显性和隐性激励存在，两者的公司治理效应如何？两者之间是否存在相互关系，如果答案是肯定的，那是存在替代关系还是互补关系？学界对上述问题的探讨略为欠缺。现有少数几篇文献的观点较为一致，均认为高管薪酬与在职消费之间存在相

互替代的关系，但关于两者之间所发挥的公司治理效应的大小则鲜有文献加以探讨。

Alchian 和 Demsetz（1972）认为，允许管理者享有在职消费，则要相应减少货币薪酬，才不会影响公司绩效。张曙光（1996）、何浚（1998）、陈冬华等（2005）、罗宏和黄文华（2008）指出，中国国有企业存在"所有者虚位"问题，造成内部控制现象较为严重，加上政府长期对中国国有企业高管实施薪酬管制，导致在职消费成为中国国有企业高管的优先替代性选择。颜剑英（2002）认为，中国国有企业长期受到薪酬管制，货币薪酬激励不足导致高管自我激励泛滥，不仅采用非法手段攫取私人利益，侵占国有资产，而且过度追求公款餐饮娱乐、公费报销等在职消费。傅颀和汪祥耀（2013）基于管理层权力的视角实证研究了高管货币薪酬与在职消费之间的替代性，以及所有权性质对两种机制之间关系的调节作用，结果发现，管理层权力增大会显著减弱高管薪酬契约的有效性，高管货币薪酬与在职消费的替代性在国有企业，尤其是在中央企业中更明显。权小锋等（2010）指出，相较于显性货币薪酬，中央企业更热衷于在职消费等隐性薪酬。

本书认为，在最优契约理论的支撑下，高管货币薪酬作为股东对高管的主要激励手段，其对公司绩效的提升作用无可厚非，而在职消费是公司规定用途下的隐性开支，因而在一般情况下，一单位在职消费的激励效用要小于一单位货币薪酬激励的边际效用，换句话说，高管货币薪酬的公司治理效应必然大于在职消费可能发挥的激励效应。此外，由于薪酬管制等制度安排限制，高管货币薪酬可能存在激励不足的情况，此时在职消费作为替代性隐性激励，有其存在的合理性。

基于上述分析，本书提出如下假设：

假设4-3：高管薪酬与在职消费之间存在显著的替代关系。

四、高管薪酬与在职消费的公司治理效应：企业异质性的影响

高管货币薪酬和在职消费作为公司内部治理机制中的管理层激励机制，两

者的激励效用是否会受企业特征、其他内部治理机制以及政策法规或者产品市场竞争等外部治理机制等的影响,学界对上述问题的探讨已经有了较丰富的研究成果。总结来看,关于高管货币薪酬的研究观点较为统一,学者们普遍认同高管薪酬对公司绩效的正向提升作用,并且由于高管薪酬契约的明文性,高管货币薪酬的激励作用并不受企业异质性的影响;相反地,由于高管在职消费本身存在"代理观"和"效率观"两种属性,其对公司绩效的影响则会受到企业异质性的影响。

夏冬林和李晓强(2004)指出,公司股权集中度提高能够有效抑制高管在职消费。罗进辉和万迪昉(2009)发现,尽管第一大股东持股比例增大会抑制在职消费,但是随着股权的相对制衡,高管在职消费反而会有所提高,据此认为股权集中度与高管在职消费之间应该是一种正"U"形关系。陈冬华和梁上坤(2010)的研究进一步肯定了夏冬林和李晓强的结论,认为股权集中有助于对高管形成合力约束,抑制在职消费行为。

McConnell 和 Henri(1995)指出,负债融资对高管在职消费的治理作用受到企业现金流的影响,当现金流量多而投资机会少时,负债融资能有效抑制在职消费,但当现金流不足但投资机会多时,负债融资未能发挥作用。Fama(1980)从理论上阐明了高管薪酬激励会直接影响在职消费水平。陈冬华等(2005)的研究也印证了这一点,即国有企业高管会选择隐性在职消费来补偿显性薪酬激励的不足。杨蓉(2016)实证考察了政府"八项规定"对国有企业高管在职消费的影响,发现"八项规定"对国有企业,尤其是中央企业高管的在职消费存在显著的抑制作用。刘志强(2015)发现产品市场竞争有助于抑制高管的在职消费行为。

本书认为,随着薪酬制度改革的不断推进,上市公司设计"业绩型薪酬契约"明显有助于强力约束高管的机会主义行为,降低高管与股东之间的代理成本,并且这种激励效应是最基础的,也是普遍存在的,并不会受企业异质性的影响。而高管在职消费,其既作为代理成本存在,也作为隐性激励存在,当董事会对高管的在职消费行为监督不力时,隐性激励就会变成代理成本,此时在职消费所发挥的作用将有损股东利益。由于影响在职消费的因素很多,所以其潜在的对公司绩效的治理作用明显会受到企业异质性的影响。

基于上述分析，本书提出如下假设：

假设 4-4a：高管货币薪酬对公司绩效的提升效应不受企业异质性的影响。

假设 4-4b：高管在职消费对公司绩效的治理效应会受到企业异质性的影响。

五、高管薪酬与在职消费的公司治理效应：企业产权性质的影响

企业异质性中最突出的区别在于企业的产权性质，不同产权性质的企业具有明显的管理差异。较多的文献探讨了企业所有权性质对高管薪酬与在职消费关于公司治理效应的调节作用。

傅颀和汪祥耀（2013）研究发现，相对于民营企业而言，国有企业更偏好使用货币薪酬激励机制。权小锋等（2010）指出，地方国有企业偏好显性的货币性私有收益。李焰等（2010）探讨了以员工工资为传导机制条件的高管在职消费对公司绩效的影响，发现在职消费仅对国有企业的高管具有显著的激励作用，但是这种激励作用会随着员工工资的提升而减弱。夏宁和邱飞飞（2014）的研究结果表明，显性激励可以有效抑制非效率投资进而提升公司绩效，但隐性激励不具备这种治理效应；显性激励对非国有企业的投资效率和公司绩效有更大的治理作用；与此相反，隐性激励对国有企业产生的治理作用更大。罗昆和范琼琼（2016）实证检验了企业产权性质对参照点效应和高管薪酬增长的调节作用，研究结果表明，管理层权力对高管薪酬增长的正向促进作用在国有企业中的发挥力度相较于非国有企业而言更大。刘绍娓和万大艳（2013）研究发现，企业所有权性质会对高管薪酬与公司绩效之间的关系起到一定的调节作用，非国有企业高管薪酬与公司绩效之间的正相关关系会随着高管持股比例的提升而增强，但国有企业高管薪酬与公司绩效之间的正相关关系则会随着高管持股比例的提升而减弱。张燕红（2016）的研究充分肯定了薪酬激励对公司价值的提升作用，但由于国有企业高管薪酬的结构较为单一，并且其激励效用受政府管制较为严重，导致国有企业高管薪酬的贡献率明显低于

其他所有制企业。

本书认为，首先，高管货币薪酬作为一种正式契约，既起到约束管理者可能采取的机会主义行为的作用，也发挥了激励管理者追求自身利益的功能，无论对于何种所有制企业，这种薪酬契约的双重属性并未改变。因此，高管货币薪酬对公司绩效的正向促进作用不会受到企业产权性质的影响。

其次，由于政府对国有企业高管长期实施薪酬管制，使在职消费"异军突起"成为一种替代性的激励机制，其对公司的治理作用值得肯定。然而，由于未能有效把握在职消费的"度"以及国有企业事实上的"所有者缺位"，国有企业高管"奢靡消费"现象严重，导致国有资产流失，损害了国有企业利益。这意味着国有企业的高管在职消费同样存在"代理观"和"效率观"的有机统一现象。而民营企业所面临的代理问题远低于国有企业，其高管薪酬由董事会或薪酬委员会制定，在他们的直接监督下，激励机制能够有效实施；同时，在职消费作为一种补充性激励，也可灵活缓解代理问题。这意味着民营企业高管的在职消费行为可能更凸显"效率观"。因此，国有企业高管在职消费与公司绩效之间可能存在倒"U"形关系，而民营企业高管在职消费与公司绩效之间可能存在正向的线性关系。

最后，正如前文关于全样本中高管在职消费的公司治理效应会受到企业异质性特征影响的分析一样，国有企业和民营企业作为子样本而存在，国有企业和民营企业的高管在职消费同样会受企业异质性特征的影响。

基于上述分析，本书提出如下假设：

假设4-5a：高管薪酬对公司绩效的正向提升效应不受企业产权性质的影响。

假设4-5b：国有企业高管在职消费与公司绩效之间呈现倒"U"形特征。民营企业高管在职消费与公司绩效之间呈现正向的线性特征。

假设4-5c：国有企业和民营企业高管在职消费的公司治理效应会受到企业异质性特征的影响。

第四章 高管薪酬与在职消费的公司治理效应研究

第三节 研究设计

一、样本选择与数据来源

随着资本市场的发展,中国上市公司为研究企业的行为提供了越来越多的微观基础。相较于中国工业企业数据库而言,国泰安金融数据服务中心的CSMAR数据库提供了更具时效性和完整性的上市公司数据,并且由于中国证监会对上市公司有严格的信息披露规定,所以数据准确度较高。

本章主要选取2003~2015年沪深两市A股上市公司为研究样本,按照研究惯例,我们对原始样本进行如下处理:①剔除样本期内被ST、*ST的公司;②剔除样本期内所有银行、证券、保险、资本市场服务、其他金融服务业等金融类行业的公司;③剔除样本期内财务数据缺失严重、数据异常的公司;④剔除资产负债率等于或高于100%的公司;⑤对所有连续变量进行Winsorize处理,去掉上下1%的样本,以避免异常值影响。经过处理后,本章最终获得17992个非平衡面板的样本观测值。

二、变量说明

(1)被解释变量:公司绩效。本章主要考察高管薪酬与在职消费的公司治理效应,故选择公司绩效为被解释变量,并采用更能反映市值的托宾Q值进行刻画。

(2)解释变量:高管薪酬与高管在职消费。本章仅考虑高管显性薪酬情况,借鉴主流文献的做法,采用薪酬最高前三名高管薪酬总额的自然对数进行衡量;高管在职消费采用管理费用率(管理费用占主营业务收入比重)进行刻画。

（3）控制变量。借鉴主流文献的做法，分别从公司治理机制和公司特征两个方面选择相关变量进入模型，以控制公司效应的影响。此外，本章还同时控制行业效应和时间效应。

综上所述，所有变量的具体说明如表4-1所示。

表4-1 变量符号及说明

变量	符号	变量说明与计算方法
被解释变量	TobinQ	关于公司绩效的衡量指标，学界普遍选择ROA、ROE等可以反映公司短期绩效的财务指标，但为避免上市公司可能存在的业绩操纵行为，本章选择国际上常用的市场化指标即托宾Q值（TobinQ）衡量公司绩效
解释变量	lnsalary	由于目前中国上市公司高管持股比例低、零持股现象较为普遍，本章只考虑货币薪酬的情形，采用"薪酬最高前三名高管薪酬总额"的自然对数衡量
解释变量	perks	在职消费作为一种隐性契约，其在实践中与正常的管理费用相互交织，难以有效区分，目前没有特别精确的度量指标。由于2010年之前中国上市公司基本未披露管理费用的明细项目，因此，鉴于样本区间的选择和统一考虑，本章借鉴Ang等（2000）、李寿喜（2007）等的做法，采用公司管理费用率（管理费用占主营业务收入比重）作为在职消费的代理变量
控制变量	equity	采用第一大股东持股比例（第一大股东持股数量/总的公司股本数量）衡量公司的股权集中度水平
控制变量	ratio	采用独立董事比例（独立董事数量/董事会总人数）衡量公司董事会的独立性
控制变量	dual	采用董事长与总经理两职兼任（虚拟变量，两职兼任时取1；反之取0）衡量公司的控制权集中度水平
控制变量	director	采用董事会规模（以董事会总人数衡量）衡量董事会对高管的监督作用
控制变量	supervisor	采用监事会规模（以监事会总人数衡量）衡量监事会对高管和董事会的监督作用
控制变量	size	采用公司规模（公司资产取自然对数衡量）衡量公司的整体实力
控制变量	lev	采用公司资产负债率（公司负债总计/资产总计）衡量公司的负债水平及风险程度

资料来源：笔者整理。

三、模型构建

本章主要探讨高管货币薪酬和在职消费的公司治理效应,特此构建基准模型(4-1)进行实证分析;同时,为验证在职消费的"代理观"与"效率观",进一步在基准模型中加入在职消费变量的二次项,构建扩展模型(4-2),并着重考察高管在职消费与公司绩效之间是否存在显著的非线性关系。为排除内生性的干扰,除因变量外,本章的模型中所有解释变量均进行一阶滞后处理。

$$TobinQ_{i,t} = \beta_0 + \beta_1 lnsalary_{i,t-1} + \beta_2 perks_{i,t-1} + \beta_3 equity_{i,t-1} + \beta_4 ratio_{i,t-1} +$$
$$\beta_5 dual_{i,t-1} + \beta_6 director_{i,t-1} + \beta_7 supervisor_{i,t-1} + \beta_8 size_{i,t-1} +$$
$$\beta_9 lev_{i,t-1} + \sum Industry_i + \sum Year_t + \varepsilon_{i,t} \quad (4-1)$$

$$TobinQ_{i,t} = \gamma_0 + \gamma_1 lnsalary_{i,t-1} + \gamma_2 perks_{i,t-1} + \gamma_3 perks_{i,t-1}^2 + \gamma_4 equity_{i,t-1} +$$
$$\gamma_5 ratio_{i,t-1} + \gamma_6 dual_{i,t-1} + \gamma_7 director_{i,t-1} + \gamma_8 supervisor_{i,t-1} +$$
$$\gamma_9 size_{i,t-1} + \gamma_{10} lev_{i,t-1} + \sum Industry_i + \sum Year_t + \mu_{i,t} \quad (4-2)$$

其中,模型(4-2)中我们主要关注的系数为 γ_1、γ_2 和 γ_3,这三个系数的符号分别反映了高管货币薪酬和高管在职消费对公司绩效的治理作用。基于前文的理论分析和研究假设,我们预期 $\gamma_1>0$、$\gamma_2>0$、$\gamma_3<0$,这意味着高管货币薪酬对公司绩效存在显著的正向促进作用,而高管在职消费与公司绩效之间存在倒"U"形关系。理论假设与具体实践的结果是否一致,接下来,本章将通过一系列计量估计方法对模型符号的理论预期进行实证检验。

第四节 实证分析

一、描述性统计分析

本章首先对全样本和区分产权性质差异的子样本在研究区间的公司绩效、

高管在职消费、高管货币薪酬以及各控制变量的情况进行描述性统计分析，结果如表4-2所示。可以看到，全样本公司的平均公司绩效为1.852，标准差为1.928，绩效差距较大，说明中国上市公司发展参差不齐；高管在职消费的均值为0.157，标准差为0.218，说明上市公司间高管在职消费水平呈现一定的离散性，并且差距也较大；此外，高管薪酬同样呈现一定的离散性，其均值为13.71，标准差为0.895。通过对比可以发现，国有企业和民营企业之间存在显著区别。国有企业绩效明显低于民营企业，两种类型企业的TobinQ均值分别为1.452和2.381；同时，民营企业间高管在职消费水平的差异较国有企业而言相对较大，其标准差达到0.231；而高管薪酬方面，国有企业和民营企业相差不大，均值和标准差基本一致。由于控制变量并不是本章的主要关注点，故此不对其统计信息具体展开说明。

表4-2 变量描述性统计

全样本				国有企业子样本				民营企业子样本			
变量	观察值	均值	标准差	变量	观察值	均值	标准差	变量	观察值	均值	标准差
TobinQ	17792	1.852	1.928	TobinQ	9882	1.452	1.407	TobinQ	7192	2.381	2.344
lnsalary	17671	13.71	0.895	lnsalary	9812	13.71	0.874	lnsalary	7154	13.71	0.911
perks	17261	0.157	0.218	perks	9662	0.137	0.201	perks	6914	0.179	0.231
equity	17792	37.50	15.97	equity	9882	41.26	15.77	equity	7192	32.48	14.86
ratio	17680	0.362	0.0525	ratio	9807	0.359	0.0521	ratio	7159	0.365	0.0526
dual	17792	0.143	0.350	dual	9882	0.0819	0.274	dual	7192	0.227	0.419
director	17681	9.211	1.963	director	9808	9.552	2.018	director	7159	8.798	1.805
supervisor	17792	3.967	1.305	supervisor	9882	4.258	1.391	supervisor	7192	3.611	1.097
size	17792	21.68	1.286	size	9882	21.99	1.314	size	7192	21.30	1.142
lev	17792	0.464	0.213	lev	9882	0.492	0.202	lev	7192	0.424	0.222

二、实证结果分析

(一) 基准回归

通过 Hausman 检验,本章的模型和数据适合面板固定效应回归,为控制内生性以及对比考虑,本章同时报告面板工具变量估计、随机效应估计以及最小二乘法估计结果,如表 4-3 所示。

表 4-3 基准模型和扩展模型回归结果(全样本)

因变量:TobinQ	FE 估计		Panel IV 估计		RE 估计		OLS 估计	
	模型1	模型2	模型1	模型2	模型1	模型2	模型1	模型2
l.lnsalary	0.114***	0.118***	0.091***	0.093***	0.064**	0.066**	0.114***	0.118***
	(0.030)	(0.030)	(0.023)	(0.023)	(0.027)	(0.027)	(0.018)	(0.017)
l.perks	0.676***	2.524***	0.678***	2.659***	0.280***	1.177***	0.676***	2.524***
	(0.099)	(0.402)	(0.074)	(0.294)	(0.073)	(0.334)	(0.071)	(0.275)
l.perks^2		-2.041***		-2.183***		-0.963***		-2.041***
		(0.431)		(0.330)		(0.350)		(0.311)
l.equity	0.004***	0.004***	0.004***	0.004***	0.006***	0.006***	0.004***	0.004***
	(0.001)	(0.001)	(0.001)	(0.001)	(0.001)	(0.001)	(0.001)	(0.001)
l.ratio	1.330***	1.296***	1.637***	1.590***	0.768***	0.779***	1.330***	1.296***
	(0.386)	(0.385)	(0.268)	(0.268)	(0.296)	(0.296)	(0.245)	(0.244)
l.dual	0.140**	0.131**	0.164***	0.154***	0.075	0.072	0.140***	0.131***
	(0.060)	(0.060)	(0.041)	(0.041)	(0.051)	(0.051)	(0.039)	(0.039)
l.director	0.008	0.008	0.012*	0.012*	0.016	0.016	0.008	0.008
	(0.011)	(0.011)	(0.007)	(0.007)	(0.011)	(0.011)	(0.006)	(0.006)
l.supervisor	0.007	0.006	0.005	0.005	-0.006	-0.007	0.007	0.006
	(0.015)	(0.015)	(0.009)	(0.009)	(0.018)	(0.018)	(0.008)	(0.008)
l.size	-0.618***	-0.603***	-0.603***	-0.585***	-0.814***	-0.807***	-0.618***	-0.603***
	(0.031)	(0.031)	(0.019)	(0.019)	(0.036)	(0.035)	(0.017)	(0.017)

续表

因变量:TobinQ	FE 估计		Panel IV 估计		RE 估计		OLS 估计	
	模型 1	模型 2	模型 1	模型 2	模型 1	模型 2	模型 1	模型 2
l. lev	-1.166***	-1.136***	-1.274***	-1.243***	-0.304***	-0.306***	-1.166***	-1.136***
	(0.135)	(0.133)	(0.085)	(0.085)	(0.113)	(0.112)	(0.081)	(0.081)
_cons			11.982***	11.397***	16.974***	16.714***	12.226***	11.671***
			(0.354)	(0.358)	(0.718)	(0.704)	(0.325)	(0.328)
Industry	控制	控制	控制	控制	控制	控制	控制	控制
Year	控制	控制	控制	控制	控制	控制	控制	控制
N	14867	14867	12926	12926	14867	14867	14867	14867
R^2	0.446	0.448	0.445	0.448	0.389	0.388	0.446	0.448

注：***、**、*分别代表在1%、5%、10%的统计水平上显著；小括号内为经过 cluster 处理的稳健标准误；变量前的"l"表示滞后一阶；下同。

与现有文献的研究结论高度一致，本章证明了高管货币薪酬激励对公司绩效的提升作用。据表 4-3 显示，无论是基准模型还是扩展模型，四种估计结果均表明高管货币薪酬与公司绩效之间呈现显著的正相关关系，反映了在现实的具体实践中，货币薪酬确实是一种有效的激励方式，这验证了部分学者所发现的上市公司高管"业绩型薪酬契约"的存在性（辛清泉等，2007；方军雄，2012）。上述结论验证了假设 4-1。

从表 4-3 中基于基础模型和扩展模型的回归结果来看，四种估计方法都显示在职消费变量 perks 与公司绩效变量 TobinQ 之间存在显著的正相关关系，并且在职消费变量的平方项 $perks^2$ 与公司绩效之间存在显著的负相关关系，这表明在职消费与公司绩效之间呈明显的倒"U"形特征，意味着一定程度的在职消费有利于发挥激励作用，证明了"效率观"；而当在职消费超过某一临界值，便会损害公司绩效，证明了"代理观"。上述回归结果与假设 4-2 高度一致。

此外，其他控制变量均与公司绩效呈显著的相关性。从总体上看，第一大股东持股比例、独立董事比例、董事长与总经理两职兼任等变量与公司绩效呈现显著的正相关关系,这是因为:相较于股权比较分散的公司,股权集中更有助于公司的管理,促进公司的整体经营有序;独立董事规模扩大有助于对大股东形成监督和制衡(Borokhovich 等,1996;于东智,2003;高雷等,2007),进而提高公司绩效;根据管家理论,两职兼任使得 CEO 拥有更多的经营自主权,增强对公司的控制能力,有助于 CEO 充分发挥个人的能力,进而提高公司绩效。

董事会规模和监事会规模扩大均未能提升公司绩效,这是因为:从董事会规模的公司治理效应来看,现有研究普遍认为规模大的董事会不如规模小的董事会更有效率,董事会规模过大会产生较多的协调和沟通成本,并且容易为公司管理层所控制,进而造成公司利益受损(Jensen,1993;李常青和赖建清,2004);从监事会规模的公司治理效应来看,中国目前上市公司内部股权结构设置相对不合理,监事会治理基本处于"空洞化"状态(李维安和张亚双,2002),监事会的制度安排效率和治理水平较低(李维安和王世权,2005;郑浩昊和罗丽娜,2003)。

本章认为,高管在职消费的"效率观"与"代理观"两种理论属性并不是完全对立的,理论上难以将这两种观点加以剥离更多的是因为在实践中企业难以有效把握高管在职消费的"度",使得对在职消费的作用一概而论,忽视了在不同的约束条件下,在职消费可能会对公司绩效产生不同的边际效应。因此,对高管在职消费的研究,更应该关注其约束条件。同样地,尽管高管货币薪酬能对公司绩效呈现出递增的提升效应,但在不同的条件下,其边际效应的大小也可能存在差异。对此,下面通过细分样本,进一步探讨异质性企业的高管货币薪酬与在职消费的公司治理效应。

(二)扩展回归

承接表 4-3 的研究结论,为进一步考察在不同的约束条件下,高管薪酬与在职消费对公司绩效是否会产生不同的边际效应,本章基于扩展模型(式4-2)对全样本进行分组讨论。首先考察公司治理水平不同的企业的高管薪酬与在职消费的公司治理效应(见表 4-4);其次探讨公司内部特征与公司所面临的外部

高管薪酬与在职消费的公司治理效应研究

市场竞争①是否会影响高管薪酬与在职消费的公司治理效应（见表4-5）。

表4-4 基于公司治理水平差异的分组回归结果（全样本）

因变量:TobinQ	区分高管薪酬高低		区分股权集中度高低		区分董事会规模		区分监事会规模	
	低薪酬	高薪酬	股权分散	股权集中	规模小	规模大	规模小	规模大
lnsalary	0.061**	0.066**	0.182***	0.105***	0.080*	0.146***	0.424*	0.118***
	(0.030)	(0.031)	(0.027)	(0.022)	(0.044)	(0.019)	(0.255)	(0.018)
perks	2.132***	2.644***	2.244***	2.402***	2.730***	2.414***	4.082	2.506***
	(0.325)	(0.327)	(0.330)	(0.315)	(0.509)	(0.253)	(2.780)	(0.233)
perks²	-1.521***	-2.328***	-1.670***	-2.306***	-2.032***	-2.028***	-3.023	-2.030***
	(0.349)	(0.349)	(0.348)	(0.346)	(0.544)	(0.271)	(2.852)	(0.250)
控制变量	控制	控制	控制	控制	控制	控制	控制	控制
Industry	控制	控制	控制	控制	控制	控制	控制	控制
Year	控制	控制	控制	控制	控制	控制	控制	控制
N	6990	7825	7414	7452	3758	11014	138	14716
R²	0.475	0.465	0.488	0.446	0.501	0.429	0.607	0.448

从表4-4来看，高管货币薪酬与在职消费的公司治理效应存在明显差异。首先，无论高管在职消费是否发挥激励作用，高管货币薪酬均能显著提升公司绩效。其次，无论高管货币薪酬高低、无论股权结构是相对集中还是相对分散、无论董事会规模的大小，高管货币薪酬均能发挥明显的提升公司绩效的作用，并且在这六组样本中，高管在职消费与公司绩效之间均呈现显著的倒"U"形特征。最后，监事会规模小的公司对管理层的激励方式以货币薪酬激励为主，其边际效应为0.424，并且在职消费与公司绩效之间不存在显著的关系；监事会规模大的企业，其高管货币薪酬的激励效应明显小于监事会规模小的企业，边际效应仅为0.118，但其高管在职消费与公司绩效之间存在明显的倒"U"形非线性关系。

---

① 本章主要借鉴 Aghion（2012）和 Griffith（2001）的做法，采用更加贴合市场概念的勒纳指数衡量产品市场竞争，其计算方法为：（主营业务收入-主营业务成本）/主营业务收入。

第四章 高管薪酬与在职消费的公司治理效应研究

表 4-5 基于企业内部特征与外部市场环境的分组回归结果（全样本）

因变量:TobinQ	区分企业规模		区分企业杠杆率		区分成长性水平		区分市场竞争程度	
	小企业	大企业	低杠杆	高杠杆	成长性差	成长性好	低竞争	高竞争
lnsalary	0.091***	0.152***	0.136***	0.091***	0.125***	0.105***	0.061**	0.134***
	(0.030)	(0.016)	(0.030)	(0.019)	(0.025)	(0.025)	(0.025)	(0.025)
perks	2.962***	0.844***	2.984***	1.647***	3.307***	1.766***	2.931***	2.285***
	(0.361)	(0.221)	(0.370)	(0.257)	(0.342)	(0.316)	(0.299)	(0.355)
perks^2	-2.281***	-0.868***	-2.515***	-1.173***	-2.585***	-1.383***	-2.210***	-2.326***
	(0.384)	(0.238)	(0.396)	(0.276)	(0.382)	(0.333)	(0.316)	(0.392)
控制变量	控制	控制	控制	控制	控制	控制	控制	控制
Indudstry	控制	控制	控制	控制	控制	控制	控制	控制
Year	控制	控制	控制	控制	控制	控制	控制	控制
N	6906	7959	7485	7379	7482	7323	7619	7188
R^2	0.523	0.441	0.429	0.415	0.456	0.458	0.466	0.484

从表 4-5 来看，高管货币薪酬激励对公司绩效的提升效应、高管在职消费与公司绩效之间的倒"U"形关系等均不受公司规模、公司财务杠杆、公司成长性水平、公司面临的外部市场竞争程度等因素的影响。有趣的是，从区分产品市场竞争程度的分组回归结果可以发现，高管货币薪酬对公司绩效的激励作用随着产品市场竞争程度的增强而提升（0.061→0.134），表明产品市场竞争与高管薪酬激励之间存在互补关系；相反，高管在职消费对公司绩效的提升效应则随着市场竞争程度的增强而降低（2.931→2.285），表明产品市场竞争与高管在职消费之间存在替代关系。

从基于企业异质性特征的回归结果总体来看，当在职消费与公司绩效之间呈倒"U"形关系时，高管货币薪酬的激励效应相对较小；而当在职消费不发挥显著的激励作用时，高管货币薪酬的激励效应相对较大，这表明高管在职消费与货币薪酬之间存在替代关系，验证了假设 4-3。此外，在职消费与公司绩效之间的倒"U"形关系也验证了在职消费的"代理观"与"效率观"两种理论属性在实践中并不是对立的，其可以有机统一起来，关键在于"度"的把握。控制一定水平上的在职消费，其不仅可以单独发挥激励作用，还可以对显性薪酬契约的激励效果产生调节作用；但过量的在职消费同样会损害公司的利益。

综上所述，高管货币薪酬对公司绩效的正向促进效应不受企业异质性特征的影响，验证了假设4-4a；而高管在职消费对公司绩效的提升效应会受到监事会规模的影响，验证了假设4-4b。

第五节　进一步研究：基于产权性质的视角

本章第四节基于全样本对高管货币薪酬与在职消费的公司治理效应进行了实证研究，发现在不同的约束条件下，高管货币薪酬与在职消费的公司治理效应存在显著差异，并且充分肯定了高管货币薪酬与在职消费之间互为替代激励机制。但是，上文并未考虑到企业产权性质的影响。当前，中国正在竭力推进国有企业市场化薪酬制度改革，尽管绝大部分上市公司已逐步建立起"业绩型薪酬契约"，但是国有企业高管货币薪酬仍然受到一定的管制（陈冬华等，2005），此时，在职消费就成为高管的替代性激励，因此，国有企业高管在职消费一直以来都是学者们的研究重点。本节将着重探讨产权性质是否会对高管货币薪酬与在职消费的公司治理效应产生影响。

按照实际控制人性质，可以将全样本划分为国有企业、民营企业、外资企业和集体企业等企业组织类型，由于外资企业和集体企业在全样本中的样本量较小，本节将这两种类型的企业样本予以剔除，仅保留国有企业和民营企业这两类企业性质的样本，样本量分别为9882和7192。本节首先对两种类型企业的样本基于基准模型和扩展模型作固定效应回归（见表4-6）；其次基于表4-6的回归结果做进一步的分组讨论（见表4-7至表4-9）。

第四章 高管薪酬与在职消费的公司治理效应研究

表 4-6 基于产权性质差异的模型回归结果

因变量：TobinQ	国有企业		民营企业	
	模型 1	模型 2	模型 1	模型 2
lnsalary	0.146***	0.152***	0.103**	0.328***
	(0.019)	(0.019)	(0.049)	(0.063)
perks	0.524***	1.968***	0.806***	0.013
	(0.063)	(0.252)	(0.156)	(0.014)
$perks^2$		−1.621***		−0.011
		(0.273)		(0.188)
控制变量	控制	控制	控制	控制
Industry	控制	控制	控制	控制
Year	控制	控制	控制	控制
N	8550	8550	5792	5584
R^2	0.417	0.419	0.486	0.618

从表 4-6 来看，高管货币薪酬对国有企业和民营企业绩效的影响仅存在边际效应大小上的略微差别，体现为扩展模型中民营企业高管薪酬对企业绩效的边际效应相对较大。此外，只有国有企业的高管在职消费与企业绩效的倒"U"形非线性关系成立，而民营企业在职消费只呈递增的线性关系。上述结论验证了假设 4-5a 和 4-5b。

基于表 4-6 的回归结果，本节进一步将国有企业和民营企业进行分组探讨，由于国有企业中在职消费与公司绩效之间存在显著的非线性关系，故采用扩展模型进行分析；而民营企业中在职消费与公司绩效之间只存在单纯的线性关系，故采用基准模型进行分析。

从表 4-7 来看，国有企业与全样本相比结果较为一致，仅有略微区别。具体表现在：①高管货币薪酬对公司绩效的提升效应在高薪酬、股权分散、董事会规模和监事会规模较大这四类企业中相对较大，但仅是系数大小上的差别，系数统计水平的显著性未有差异；②高管在职消费与公司绩效之间的倒"U"形关系不受高管薪酬水平、股权结构、董事会规模等的影响，但其会受监事会规模的影响，在监事会规模较小的企业中，这种关系并不显著。

表 4-7 基于公司治理水平差异的回归结果（国有企业）

因变量:TobinQ	区分高管薪酬高低		区分股权集中度高低		区分董事会规模		区分监事会规模	
	低薪酬	高薪酬	股权分散	股权集中	规模小	规模大	规模小	规模大
lnsalary	0.096*** (0.031)	0.104*** (0.034)	0.180*** (0.034)	0.167*** (0.024)	0.091* (0.050)	0.174*** (0.021)	0.137 (0.344)	0.152*** (0.020)
perks	1.789*** (0.357)	1.866*** (0.357)	1.871*** (0.403)	1.762*** (0.324)	1.792*** (0.576)	2.025*** (0.282)	2.607 (5.105)	1.980*** (0.253)
perks²	-1.385*** (0.393)	-1.552*** (0.382)	-1.510*** (0.430)	-1.501*** (0.358)	-1.186* (0.623)	-1.808*** (0.306)	-1.619 (12.277)	-1.636*** (0.275)
控制变量	控制	控制	控制	控制	控制	控制	控制	控制
Industry	控制	控制	控制	控制	控制	控制	控制	控制
Year	控制	控制	控制	控制	控制	控制	控制	控制
N	3959	4562	3339	5205	1750	6737	56	8472
R²	0.449	0.434	0.457	0.430	0.455	0.425	0.757	0.419

从表 4-8 来看，国有企业高管货币薪酬对各类企业的绩效均有显著的提升效应，但对小企业、杠杆率较低企业、成长性水平较差企业、面临的市场竞争程度较弱的企业等的边际效应相对较大。此外，国有企业高管在职消费与公司绩效之间的倒"U"形关系不受企业规模、企业财务杠杆水平、企业成长性水平以及产品市场竞争的影响。

表 4-8 基于企业内部特征与外部市场环境的回归结果（国有企业）

因变量:TobinQ	区分企业规模		区分企业杠杠率		区分成长性水平		区分市场竞争程度	
	小企业	大企业	低杠杆	高杠杆	成长性差	成长性好	低竞争	高竞争
lnsalary	0.158*** (0.037)	0.146*** (0.019)	0.244*** (0.036)	0.089*** (0.020)	0.148*** (0.027)	0.140*** (0.028)	0.162*** (0.029)	0.110*** (0.026)
perks	2.655*** (0.448)	0.877*** (0.257)	1.638*** (0.431)	1.998*** (0.274)	2.633*** (0.367)	1.525*** (0.350)	0.965** (0.406)	2.778*** (0.315)
perks²	-2.245*** (0.484)	-0.900*** (0.280)	-1.279*** (0.468)	-1.652*** (0.297)	-2.409*** (0.416)	-1.073*** (0.373)	-0.903** (0.453)	-2.238*** (0.337)
控制变量	控制	控制	控制	控制	控制	控制	控制	控制

第四章 高管薪酬与在职消费的公司治理效应研究

续表

因变量:TobinQ	区分企业规模		区分企业杠杆率		区分成长性水平		区分市场竞争程度	
	小企业	大企业	低杠杆	高杠杆	成长性差	成长性好	低竞争	高竞争
Industry	控制	控制	控制	控制	控制	控制	控制	控制
Year	控制	控制	控制	控制	控制	控制	控制	控制
N	3196	5349	3881	4663	4279	4241	3909	4612
R^2	0.476	0.450	0.389	0.424	0.438	0.424	0.448	0.453

从表4-9来看，民营企业的公司治理水平会对高管薪酬与在职消费的激励效应产生显著的影响。具体体现在：在区分高管薪酬高低的子样本中，高管在职消费对公司绩效会发挥明显的提升效应，并且在低薪酬企业中，在职消费的边际效应更大。在区分股权集中度的子样本中，相较于股权高度集中的企业而言，股权相对分散的民营企业中高管薪酬和在职消费都能同时发挥激励效应。在区分董事会规模和监事会规模的四组样本中，对于董事会规模和监事会规模较大的民营企业，高管薪酬和在职消费同样能够同时发挥促进公司绩效提升的作用，而对于董事会规模较小的民营企业，在职消费的激励作用更明显，但货币薪酬和在职消费对于监事会规模较小的民营企业而言则未能发挥明显的激励作用。

表4-9 基于公司治理水平差异的回归结果（民营企业）

因变量:TobinQ	区分高管薪酬高低		区分股权集中度高低		区分董事会规模		区分监事会规模	
	低薪酬	高薪酬	股权分散	股权集中	规模小	规模大	规模小	规模大
lnsalary	0.087	0.036	0.127***	-0.019	0.037	0.138***	0.818	0.102***
	(0.055)	(0.058)	(0.042)	(0.051)	(0.071)	(0.035)	(0.523)	(0.032)
perks	0.762***	0.692***	0.832***	0.402**	1.059***	0.694***	0.165	0.791***
	(0.132)	(0.138)	(0.114)	(0.179)	(0.188)	(0.108)	(1.294)	(0.096)
控制变量	控制	控制	控制	控制	控制	控制	控制	控制
Industry	控制	控制	控制	控制	控制	控制	控制	控制
Year	控制	控制	控制	控制	控制	控制	控制	控制
N	2809	2964	3773	2017	1820	3942	50	5725
R^2	0.521	0.508	0.509	0.517	0.530	0.463	0.832	0.485

从表 4-10 来看，民营企业的内部特征和外部市场竞争环境都对高管薪酬和在职消费的激励效应产生一定的影响。具体而言，大规模企业以货币薪酬激励为主，小规模企业则以在职消费激励为主。企业杠杆率和成长性水平基本不会对高管薪酬和在职消费的激励效应产生明显的影响，无论杠杆率高低和成长性水平差异，都实行显性激励和隐性激励相互配合的激励机制。产品市场竞争对民营企业的影响较大，当企业面临的外部市场竞争程度较高时，由于外部市场的监督力量，公司内部主要实行在职消费激励，此时在职消费的激励效应达到 0.912，而当企业面临的外部市场竞争程度较低时，则需要同时实施高管薪酬和在职消费两种激励机制。

表 4-10 基于企业内部特征与外部市场环境的回归结果（民营企业）

因变量:TobinQ	区分企业规模		区分企业杠杆率		区分成长性水平		区分市场竞争程度	
	小企业	大企业	低杠杆	高杠杆	成长性差	成长性好	低竞争	高竞争
lnsalary	0.045	0.139***	0.094*	0.098**	0.114**	0.088*	0.144***	0.011
	(0.048)	(0.030)	(0.048)	(0.040)	(0.045)	(0.046)	(0.044)	(0.047)
perks	1.089***	0.088	0.851***	0.621***	1.214***	0.583***	0.399**	0.912***
	(0.134)	(0.095)	(0.146)	(0.113)	(0.169)	(0.121)	(0.157)	(0.123)
控制变量	控制	控制	控制	控制	控制	控制	控制	控制
Industry	控制	控制	控制	控制	控制	控制	控制	控制
Year	控制	控制	控制	控制	控制	控制	控制	控制
N	3414	2375	3337	2451	2903	2850	3004	2751
R^2	0.544	0.466	0.479	0.462	0.497	0.499	0.518	0.511

综上所述，上述基于企业异质性特征将国有企业和民营企业分组讨论的回归结果显示，国有企业和民营企业高管在职消费的公司治理效应会明显受到企业内部特征、企业外部市场环境等异质性特征的影响，研究结论验证了假设 4-5c。

第四章　高管薪酬与在职消费的公司治理效应研究

第六节　本章小结

目前对高管在职消费行为的研究所形成的"代理观"和"效率观"两个对立的观点分别将在职消费定位为代理成本和隐性激励。本章选择中国上市公司的大样本微观数据进行实证检验，发现在职消费"代理观"和"效率观"在实践中是统一体。具体的研究结论包括：

第一，从全样本的回归结果看，高管货币薪酬对公司绩效存在显著的正向促进作用，高管在职消费与公司绩效之间存在显著的倒"U"形关系。

第二，从基于企业异质性特征分组回归结果的总体来看，当在职消费未发挥明显的作用时，高管货币薪酬的激励效应相对较大；当在职消费与公司绩效呈现倒"U"形关系时，高管货币薪酬的激励效应相对较小；这表明高管在职消费与货币薪酬之间存在明显的替代关系。

第三，通过进一步对全样本基于企业异质性特征的分组研究发现，公司治理水平、公司内部特征、公司所面临的外部市场环境等企业异质性均会显著影响高管在职消费的公司治理效应，但高管货币薪酬对公司绩效的正向提升效应不受企业异质性的影响。

第四，进一步对全样本基于企业产权性质区分国有企业和民营企业子样本的回归结果发现，高管货币薪酬对公司绩效的正向提升效应不受企业产权性质差异的影响；民营企业高管货币薪酬对公司绩效的边际提升效应大于国有企业高管货币薪酬所发挥的正向促进作用；国有企业高管在职消费与公司绩效之间同样呈现倒"U"形特征，即在职消费对公司绩效的边际治理效应先升后降；而民营企业的高管在职消费与公司绩效之间只呈现单纯递增的线性特征，表明民营企业的高管在职消费主要发挥"效率观"的一面；上述研究结论同样受到企业异质性特征的影响。

本章的研究明晰了高管在职消费"代理观"与"效率观"的关系，既是对文献的有益补充，也对实践中企业激励机制的制定具有一定的借鉴作用。

首先，综合全样本的回归结果来看，高管货币薪酬的激励效果不受企业异质性的影响，因此，国务院国有资产监督管理委员会应该逐步取消对国有企业的薪酬管制，通过设立更加市场化的薪酬契约，使高管薪酬更多地与公司绩效相联系，以此增强货币薪酬的激励作用，缓解激励扭曲。

其次，国有企业股东和董事会要客观认识高管在职消费的双重属性，逐步引导在职消费发挥出积极的激励作用，特别地，相关部门要着重出台关于在职消费的披露政策，提高在职消费的透明度，强化外部监督的作用。

最后，对于民营企业而言，同样要注重提升薪酬契约的激励作用，同时也要更加着眼于治理机制的有效配合，通过推动内部激励与外部市场竞争机制的有机结合，促进企业绩效的有效提升。

第五章　高管薪酬与产品市场竞争的公司治理效应：替代还是互补

第一节　引言

高管薪酬激励与产品市场竞争的公司治理效应之间是存在替代还是互补关系？对此问题的探讨有助于推动对公司内部和外部治理机制之间的相互作用机理的深入探索，促进中国企业综合治理机制的完善和治理水平的提高。然而学者们更多的是分析产品市场竞争与单一的内部治理机制如何影响公司财务决策和公司绩效，或者仅探讨董事会治理、股权结构等与产品市场竞争的相互作用，鲜有文献从公司实际管理者的角度出发，讨论高管薪酬激励与产品市场竞争的互动关系，因此本章的研究将是对该领域的有益补充。

产品市场具有独特的价格信号和信息传递功能，而竞争机制极大地强化了市场这一信息传递能力。产品市场竞争一方面为企业高管传递产品市场上其他竞争企业的产品价格、产品质量、产品销售情况等信息，高管短期内可以利用这些信息大致确定竞争企业的成本，进而改变本企业的成本收益函数，使得各项投资和经营决策都与股东利益趋于一致。另一方面根据信息比较理论，产品市场竞争也可通过业绩标杆的方式为股东传递高管的努力程度与经营能力的信息，降低委托人与代理人之间的信息不对称问题，同时，竞争机制也会给公司带来"破产威胁"和"声誉威胁",对高管有一定程度上的监督作用。而高管薪酬激励作为公司治理机制中的核心内容,其制定初衷是为了抑制高管的机会主义行为,降低代理成本。随着高管薪酬制度改革的不断推进,"业绩型薪酬契约"广泛盛行,有效激发了高管的工作热情,为提升企业绩效而努力工作。

从上述分析可知,高管薪酬激励与产品市场竞争可能存在着重要的关联性,本章从产品市场竞争与高管薪酬激励之间的交互影响的角度探讨它们对公司绩效的综合影响是一个颇具创新性的视角,并且这也是以往研究中被忽视的内容。本章通过理论和实证两方面对此问题进行深入研究,理论推导发现,在业绩导向型薪酬机制下,高管薪酬激励与产品市场竞争之间关于公司治理效应可能存在替代关系,也可能存在互补关系,其主要取决于高管绩效薪酬的设计类型。实证分析结果发现,在中国企业的具体实践中,高管薪酬激励与产品市场竞争机制之间关于公司治理效应存在显著的互补效应,高管薪酬对公司绩效的边际提升效应随着产品市场竞争激烈程度的增强呈现递增趋势。上述结论表明:提高公司绩效不仅需要合理设计高管薪酬激励契约,还应配合完善的外部市场竞争机制。这对完善转轨经济下的公司治理机制以及提高公司综合治理水平具有较强的理论意义和现实意义。

第二节 理论模型

基于委托—代理理论和最优契约理论,本章首先构建一个简单的理论模型来分析高管薪酬激励与产品市场竞争之间可能存在的关系。假设在某个产品市场上有两家对称的企业①共同生产一种产品,企业间进行古诺产量竞争,并且

---

① 基于简化和一般性考虑,本章只设置两家企业,并且不区分企业的产权性质,但是所有的结论对于 n 家企业的情况同样适用。

产品间具有不完全的替代性[①]。设企业 i 的产出为 q_i，企业 j 的产出为 q_j，则市场总产出为 $q=q_i+q_j$。设两家企业的成本函数分别为 $C_i(q_i)=q_i^2$，$C_j(q_j)=q_j^2$，体现了规模报酬递减的特征。设定市场反需求函数为 $p_i(q_i,q_j)=1-q_i-\gamma q_j$，$i\neq j$，其中，$\gamma\in(0,1)$ 衡量企业产品间的替代性，该值越大，产品替代性越强，表明产品市场竞争越激烈。因此，企业 i 的利润表示为：

$$\pi_i(q_i,q_j)=(1-q_i-\gamma q_j)q_i-q_i^2, \quad i\neq j \tag{5-1}$$

根据最优契约理论，将高管薪酬与企业绩效挂钩不失为一种有效缓解代理成本的方法，目前部分文献充分肯定了"业绩型薪酬契约"的存在性（方芳和李实，2015；方军雄，2012）。因此，本章进一步假设两家企业的股东都考虑根据业绩导向制定高管绩效薪酬契约，这里将高管的市场化薪酬水平简单设定为：

$$\omega_i=k_i+\alpha_i\pi_i+\beta_i\pi_j, \quad i\neq j \tag{5-2}$$

其中，ω_i 表示企业 i 的高管薪酬水平。常数 k_i 表示高管的基本底薪，其主要根据企业所承担的责任、经营规模、行业职工平均工资、本企业职工平均工资等因素综合确定，不与企业绩效挂钩。π_i 和 π_j 分别表示两家企业各自的绩效水平。$\alpha_i\pi_i+\beta_i\pi_j$ 表示企业 i 高管的绩效薪酬，即根据本企业绩效以及竞争对手企业的绩效进行提成。其中，$\beta_i=0$ 表示企业仅采用自身绩效作为制定高管薪酬的标准，不失一般性，假设 $\alpha_i>0$；$\beta_i\neq 0$ 表示企业采用相对业绩评价机制制定高管薪酬，此时的 β_i 符号可正可负，但依然假设 $\alpha_i>0$。

假定企业 i 的高管自身对于基本工资的保留价格为 ω'_i，并且外部职业经理人市场是竞争性的，那么借鉴 Aggarwal 和 Samwick（1999）的研究，企业高管薪酬的最优化问题可以表示为：

$$\max_{\alpha_i,q_i,k_i} E[\pi_i]-\omega_i$$
$$s.t. \quad \omega_i\geq\omega'_i \quad q_i^*\in\operatorname*{argmax}_{q_i}\omega_i \tag{5-3}$$

其中，最优化的目标函数表示企业预期利润在扣除高管薪酬后，应该达到

[①] 考虑到产品的不完全替代性更符合现实情况，并且这里主要用产品的不完全替代性来刻画产品市场的竞争程度。

最大化;第一个约束是高管个人理性约束,即高管最终所得的薪酬应该至少不低于高管心里对工资的保留价格;第二个约束确保了在给定薪酬水平后,管理层采取的行动对于高管自身和企业而言均是最优的。那么,企业高管行动可以直接表示为最大化绩效薪酬,即:

$$\max_{q_i}\{\alpha_i\pi_i+\beta_i\pi_j\}=\max_{q_i}\{\alpha_i[(1-q_i-\gamma q_j)q_i-q_i^2]+\beta_i[(1-q_j-\gamma q_i)q_j-q_j^2]\}$$

(5-4)

要考察高管薪酬激励与产品市场竞争的交互关系,本章直接将式(5-4)对 γ 求一阶偏导,结果发现,一阶偏导的符号仅取决于 $-(\alpha_i+\beta_i)$。当 $\beta_i=0$,即企业仅采用自身绩效作为制定高管薪酬的标准时,由于 $\alpha_i>0$ 的假设,可知一阶偏导小于0,表明高管薪酬激励随着产品市场竞争程度的增强而下降,这意味着两种机制间存在替代关系;当 $\beta_i\neq 0$,即企业采用较为市场化的相对业绩评价机制制定高管薪酬时,则需要细分情况考虑。首先,若 $\beta_i>0$,表明企业同时对本企业和对手企业的业绩施加一个正比重,此时 $-(\alpha_i+\beta_i)<0$,同样意味着高管薪酬激励和产品市场竞争之间存在替代关系;其次,若 $\beta_i<0$,并且 $\beta_i<-\alpha_i$,即企业对本企业的业绩施加一个正比重,但对竞争企业的业绩施加一个更大的负比重,此时高管薪酬激励会随着产品市场竞争程度的增强而提高,意味着两种机制间存在互补关系。据此,我们得出以下命题:

命题5-1:当企业仅采用自身业绩作为制定高管薪酬的标准,或者当企业的高管绩效薪酬对竞争企业业绩的敏感性为正时,产品市场竞争与高管薪酬激励之间关于公司治理效应的关系表现为替代效应。

命题5-2:当企业的高管绩效薪酬对竞争企业业绩的敏感性为负,且该负比重明显大于对自身业绩的敏感性时,产品市场竞争与高管薪酬激励之间关于公司治理效应的关系表现为互补效应。

通过上述委托—代理理论模型的推导,可以发现,高管薪酬激励机制与产品市场竞争之间关于公司治理效应的关系既可能存在替代效应,也可能存在互补效应,其主要取决于公司股东对高管绩效薪酬的机制设计。显然,在理性人与理性预期设想下,命题5-2可能更符合现实情况。这是因为:在产品市场具有一定竞争强度时，公司为了谋求更多的市场份额，明显会对本公司的业绩施加一个正比重，以此激励高管努力工作，提升本企业绩效；但同时会对竞争企业的业绩施加一个更大的负比重，以此作为惩罚。通过这种机制的设计不仅可以约束高管与股东利益趋向一致，同时也起到强化市场竞争的作用，有利于监督高管，这样一来，高管薪酬激励与产品市场竞争便呈现出互补作用。那么，转型背景下的中国是否属于这种情形？本章接下来构建计量模型进行实证检验。

第三节 实证分析

一、数据来源和变量说明

本章选择中国沪深两市 A 股非金融类上市公司为研究对象，界定样本区间为 2003~2015 年主要基于以下几点考虑：第一，随着中国证监会对上市公司信息披露的要求和监督越来越严格，目前中国上市公司年报中所披露的信息可靠性更强，并且数据也较为丰富，基本可以满足本书研究的需要；第二，金融类上市公司资产负债比率高、监管严格、股权分散等固有的特殊性，使得一般的公司治理理论对于金融类行业来说是否适用值得商榷，因此，不失一般性，本章仅考虑非金融类行业的上市公司；第三，2003~2015 年这个样本区间内包含 2008 年的全球金融危机事件、2009 年的政府"限薪令"事件，选择此区间可以进一步考察这些外部事件是否会影响整体研究结果的稳健性。

本章所有公司的原始数据均来源于 CSMAR 国泰安金融研究数据库，并且与第四章的样本处理类似，本章对原始样本做以下处理：剔除财务数据缺失严重的公司、剔除资产负债率大于 100% 的公司、剔除样本期内被 ST 和 *ST 的公司、对所有连续变量进行上下 1% 的 Winsorize 处理等。经过上述处理，本章最终获得 17992 个非平衡面板的样本观测值。具体变量说明如下：

(一) 公司绩效

公司绩效是公司治理机制发挥的主要落脚点,同时也是治理机制间相互关系的传导途径。考察各类治理机制之间存在何种相关性,换个思路而言,即是通过考察各类治理机制对公司绩效的治理效应,进而比较这些治理效应之间是否存在某种趋势和关系。因此,本章选择公司绩效为被解释变量。公司绩效有多种衡量方法,总结来看学界普遍选择托宾 Q 值(TobinQ)、资产报酬率、资产利润率等指标。本章选择更能体现公司市值的托宾 Q 值衡量公司绩效,同时也采用资产报酬率(ROA)作为稳健性检验的指标。

(二) 高管薪酬

考虑到中国上市公司长期股权激励计划暂未全面普及,目前较多公司仍然存在高管零持股现象,因此本章仅考虑高管货币薪酬的情形。关于高管货币薪酬的衡量指标,文献综述部分已做了详细的介绍。本章主要借鉴主流文献 Albuquerque (2009) 的做法,选取上市公司年报中披露的"薪酬最高前三名高管的薪酬总额"取自然对数(lnsalary)进行衡量,同时选择"薪酬最高前三名董事的薪酬总额"的自然对数(lndirector_pay)作为稳健性检验的指标。

(三) 产品市场竞争

文献综述部分对于产品市场竞争的衡量指标有了较为详细的阐述,不同的研究者因不同的研究情景选用不同的衡量指标。本章主要借鉴 Aghion 等 (2012)、Griffith (2001) 等的做法,采用更加贴合市场概念的勒纳指数衡量产品市场竞争(lerner)。勒纳指数是竞争的反向指标,其值越大表示企业的垄断势力越强,市场竞争性越弱。借鉴施东晖 (2003) 的研究,本章用公司的主营业务收入与主营业务成本代替总产出和总成本进行计算。此外,本章也借鉴 Nickell (1996)、Randøy 和 Jensen (2004) 等主流文献的做法,采用主营业务利润率(rent)作为产品市场竞争的稳健性检验指标,其计算方法为:企业净利润/企业主营业务收入。与此同时,借鉴 Aghion 等 (2005)、Peress (2010) 的方法,用(营业收入-营业成本-销售费用-管理费用)/营业收入作为产品市场竞争的另一个代理变量。上述三个指标可以相互替代,并且三者均是竞争的反指标。

(四) 控制变量

为测算出产品市场竞争与高管薪酬激励对公司绩效的影响净效应,必须对其他可能影响公司绩效水平的因素进行控制。借鉴主流文献的常规做法,本章选取第一大股东持股比例(equity)、独立董事比例(ratio)、董事长与总经理两职兼任(dual)、董事会规模(director)、监事会规模(supervisor)以及公司资产规模(size)、公司财务杠杆(lev)等公司特征作为控制变量。

综上所述,所有变量的符号及计算方法如表5-1所示。

表5-1 变量符号及说明

变量	符号	变量说明与计算方法
被解释变量	TobinQ	企业托宾Q值:市值A/资产总计
	ROA	资产报酬率:利润总额/总资产
	ROE	净资产收益率:净利润/净资产
解释变量	lnsalary	高管薪酬:"薪酬最高前三名高管薪酬总额"的自然对数
	lndirector_pay	高管薪酬稳健性检验指标:"薪酬最高前三名董事薪酬总额"的自然对数
	lerner	产品市场竞争:(营业收入-营业成本)/营业收入
	rent	产品市场竞争稳健性检验指标:企业净利润/主营业务收入
	competition	产品市场竞争稳健性检验指标:(营业收入-营业成本-销售费用-管理费用)/营业收入
控制变量	equity	第一大股东持股比例:第一大股东持股数量/总的公司股本数量
	ratio	独立董事比例:独立董事数量/董事会总人数
	dual	董事长与总经理两职兼任虚拟变量,两职兼任时取1;反之取0
	director	董事会规模:以董事会总人数衡量
	supervisor	监事会规模:以监事会总人数衡量
	size	公司规模:公司资产取自然对数衡量
	lev	公司资产负债率:公司负债总计/资产总计

资料来源:笔者整理。

二、变量描述性统计

表 5-2 报告了所有变量的描述性统计信息。从刻画公司绩效的 TobinQ、ROA、ROE 三个指标来看，中国上市公司间 TobinQ 值差距较大，标准差为 1.928，最小值和最大值相差较大，分别为 0.146 和 12.56；但 ROA 和 ROE 的差距较小，标准差分别为 0.080、0.071，最小值分别为 -0.351、-0.344，表明存在经营亏损的公司。从刻画高管薪酬激励的 lnsalary 和 lndirector_ pay 两个指标来看，中国上市公司间高管薪酬和董事薪酬较为接近，取对数后两个指标的均值相差很小。从衡量产品市场竞争的 lerner、rent、competition 三个指标来看，中国上市公司所面临的外部市场竞争环境差异较大，体现在三个指标的最大值和最小值之间的差距较大。

表 5-2 变量描述性统计

变量	观察值	均值	标准差	最小值	最大值
TobinQ	17792	1.852	1.928	0.146	12.56
ROA	17792	0.041	0.080	-0.351	0.331
ROE	17792	0.033	0.071	-0.344	0.278
lnsalary	17671	13.71	0.895	11.35	16.07
lndirector_pay	17107	13.54	0.975	8.006	16.00
lerner	17687	0.011	0.289	-0.985	1.068
rent	17265	0.855	6.177	-8.946	54.74
competition	17227	-1.203	6.526	-58.00	0.458
equity	17792	37.50	15.97	8.79	75.78
ratio	17680	0.362	0.053	0.222	0.556
dual	17792	0.143	0.350	0	1
director	17681	9.211	1.963	5	15
supervisor	17792	3.967	1.305	2	9
size	17792	21.68	1.286	18.72	26.73
lev	17792	0.464	0.213	0.0187	0.998

从控制变量的情况看，中国上市公司第一大股东平均持股比例为 37.50%，部分上市公司股权集中度非常高，第一大股东持股比例达到 75.78%，但也有部分上市公司股权结构较为分散，第一大股东持股比例仅为 8.79%。上市公司间独立董事规模差距较小，标准差仅为 0.053，平均独立董事比例为 36.2%。上市公司间董事长与总经理两职兼任的比例较小，仅 14.3% 的公司设置了两职兼任。上市公司间董事会和监事会规模相差不大，平均董事人数为 9 个，部分公司董事人数达到 15 个；平均监事人数为 4 个，部分公司监事人数达到 9 个。上市公司间企业资产规模和企业资产负债率相差不大，平均负债率 46.4%。

三、实证模型设定

承接本章第二节关于理论模型的分析结果，从理论上看，高管薪酬激励与产品市场竞争之间关于公司治理效应可能存在替代或者互补关系；而基于理性人的设定，实践中高管薪酬与产品市场竞争之间的公司治理效应显然应该呈现互补关系。对此，本章拟构建以下计量模型进行实证检验，为上述问题提供经验证据的支持。

本章主要关注的重点是：高管货币薪酬激励与产品市场竞争这两种公司治理机制之间的交互关系是替代还是互补。其基本的研究思路是：首先构建以高管薪酬和产品市场竞争为解释变量，以公司绩效为被解释变量的经验估计模型，考察两种机制对公司绩效的治理效应；其次将产品市场竞争进行分组，观察在不同的市场竞争强度下，高管薪酬的公司治理效应有何变化，以此判断高管薪酬与产品市场竞争这两种机制之间关于公司治理效应的相互关系。考虑到高管薪酬与公司绩效之间可能存在内生性问题，因此，为排除内生性的干扰，除因变量外，本章的模型中所有解释变量均进行一阶滞后处理，具体的估计模型如式 5-5 所示。

$$TobinQ_{i,t} = \alpha_0 + \alpha_1 lnsalary_{i,t-1} + \alpha_2 lerner_{i,t-1} + \alpha_3 equity_{i,t-1} + \alpha_4 ratio_{i,t-1} +$$
$$\alpha_5 dual_{i,t-1} + \alpha_6 director_{i,t-1} + \alpha_7 supervisor_{i,t-1} + \alpha_8 size_{i,t-1} + \alpha_9 lev_{i,t-1} + \varepsilon_{i,t}$$

(5-5)

遵循研究思路，为更加直观地考察产品市场竞争与高管薪酬激励机制的关系，本章按产品市场竞争变量 lerner 的高低将样本平均分为 9 组，并将 lerner 最低的 3 组定义为高竞争组，将中间 3 组定义为中竞争组，将最高的 3 组定义为低竞争组，进而分析在不同的产品市场竞争强度下，高管薪酬激励对公司绩效的边际效应有何变化趋势，以此判断产品市场竞争与高管薪酬激励之间关于公司治理效应的相互关系。

相当多文献充分肯定了薪酬对高管工作的激励作用，认为高管薪酬激励能够有效地提升公司绩效，预期 α_1 符号为正；产品市场竞争作为一种有效的公司外部治理机制，也有利于公司绩效的提高，但由于 lerner 是竞争的反向指标，预期 α_2 符号为负。因此，当高管薪酬激励对公司绩效的边际效应随产品市场竞争程度的增强而上升时，表明产品市场竞争与高管薪酬之间关于公司治理效应存在互补关系；反之，当高管薪酬激励对公司绩效的边际效应随产品市场竞争程度的增强而下降时，表明产品市场竞争与高管薪酬之间关于公司治理效应存在替代关系。

四、实证结果分析

不同于一般的时间序列模型，面板数据同时包含时间序列和横截面两个维度，如果采用最小二乘法（OLS）估计，会导致回归结果有偏和不一致。因此需要采用固定效应估计或者随机效应估计方法进行回归。通过 Hausman 检验，本章的实证模型适合固定效应回归，但为对比和稳健性起见，表 5-3 同时报告了全样本和按竞争强度划分的分样本的固定效应和随机效应估计结果。

表 5-3 全样本回归结果

因变量：TobinQ	固定效应估计				随机效应估计			
	（1）全样本	（2）低竞争	（3）中竞争	（4）高竞争	（5）全样本	（6）低竞争	（7）中竞争	（8）高竞争
l.lnsalary	0.408*** (0.034)	0.176*** (0.061)	0.256*** (0.048)	0.550*** (0.063)	0.427*** (0.030)	0.297*** (0.048)	0.303*** (0.034)	0.468*** (0.049)

第五章 高管薪酬与产品市场竞争的公司治理效应：替代还是互补

续表

因变量:TobinQ	固定效应估计				随机效应估计			
	(1) 全样本	(2) 低竞争	(3) 中竞争	(4) 高竞争	(5) 全样本	(6) 低竞争	(7) 中竞争	(8) 高竞争
l.lerner	-0.186*** (0.070)				-0.106 (0.069)			
l.equity	-0.017*** (0.002)	-0.020*** (0.003)	-0.023*** (0.003)	-0.017*** (0.004)	-0.011*** (0.001)	-0.007*** (0.002)	-0.011*** (0.002)	-0.008*** (0.002)
l.ratio	1.132*** (0.372)	0.173 (0.630)	1.464** (0.628)	2.247*** (0.715)	1.467*** (0.348)	0.911* (0.547)	1.685*** (0.516)	2.736*** (0.572)
l.dual	0.190*** (0.066)	0.203* (0.120)	0.254*** (0.095)	0.186 (0.118)	0.237*** (0.060)	0.197** (0.095)	0.317*** (0.078)	0.222** (0.098)
l.director	-0.056*** (0.015)	-0.034 (0.027)	-0.034* (0.019)	-0.069** (0.029)	-0.053*** (0.012)	-0.046** (0.018)	-0.046*** (0.013)	-0.047** (0.019)
l.supervisor	-0.058* (0.030)	-0.072 (0.056)	-0.022 (0.035)	-0.109** (0.054)	-0.051*** (0.020)	-0.035 (0.028)	-0.028 (0.019)	-0.046** (0.023)
l.size	-0.638*** (0.044)	-0.335*** (0.060)	-0.391*** (0.063)	-1.022*** (0.102)	-0.650*** (0.035)	-0.455*** (0.041)	-0.466*** (0.040)	-0.866*** (0.057)
l.lev	-0.120 (0.139)	-0.045 (0.209)	-0.100 (0.194)	0.197 (0.297)	-0.453*** (0.120)	-0.630*** (0.172)	-0.582*** (0.144)	-0.389* (0.215)
_cons	10.940*** (0.781)	10.248*** (1.216)	7.172*** (1.087)	16.941*** (1.934)	10.804*** (0.561)	8.467*** (0.700)	8.216*** (0.654)	14.065*** (0.868)
Industry	控制	控制	控制	控制	控制	控制	控制	控制
Company	控制	控制	控制	控制	控制	控制	控制	控制
N	15206	4789	5304	5212	15206	4789	5304	5212
R^2	0.106	0.065	0.110	0.184	0.099	0.036	0.089	0.159

注：***、**、*分别表示在1%、5%、10%的统计水平上显著；小括号内为稳健标准误，以下同。

从全样本来看，两种回归方法均表明高管薪酬与公司绩效之间存在高度正相关关系，回归系数在1%的统计水平上显著，表明高管薪酬是一种有效的激励机制，并且上期的高管薪酬每提高1%，能使当期的公司绩效提升0.408个单位，这说明在公司治理机制中应该不断强化高管薪酬激励的作用。

产品市场竞争变量的反向衡量指标 lerner 的回归系数显著为负，表明产品市场竞争越激烈越有利于提升公司绩效，充分肯定了外部产品市场竞争的公司治理作用，并且上期的产品市场竞争程度每提高一个单位，能使公司绩效提升 0.186 个单位，这说明产品市场竞争不失为一种有效的外部治理机制，其能为股东和高管传递有效的市场信息和行业信息，提高公司经营和决策的灵活性，有利于提升公司利益。

此外，控制变量中第一大股东持股比例的回归系数显著为负，表明提高第一大股东持股比例（Equity）会降低公司绩效，这也是实践中许多公司避免"一股独大"的原因。独立董事比例（Ratio）、董事长与总经理两职兼任（Dual）的回归系数显著为正，表明提高独立董事比例、支持两职兼任均有利于提升公司绩效，这与 Yermack（2004）的研究结论一致。董事会规模（Director）、监事会规模（Supervisor）的系数估值显著为负，表明提高董事会和监事会的规模会损害公司利益，这与部分国外学者的研究结论高度一致（Lipton 和 Lorsch，1992；Yermack，1996；Eisenberg 等，1998）。Jensen（1993）也认为，董事会规模越大越可能导致董事会治理失效，而且很容易受到 CEO 的控制，遭遇董事会"治理尴尬"，同时导致董事会成员间沟通与协调的困难，降低监事会的监管效率。公司规模变量（Size）的回归系数同样显著为负，这是因为：根据 Conyon（1997）、徐宏忠等（2012）的研究，随着公司规模的扩大，高管控制的资源和企业管理问题的复杂度都增加了，对高管能力的要求越高，高管需要付出的努力就越大，高管需要承担风险和责任会更多，因此需要支付高管更高的薪酬，这无形中就提高了公司的管理费用，间接降低了公司绩效。公司资产负债率（Lev）的估计系数为负，但不具有统计意义，这与 Cornett 和 Travlos（1989）的研究结论相反。

从按产品市场竞争强度分组的子样本回归结果来看，随着产品市场竞争程度的不断提高，高管薪酬激励对公司绩效提升的边际效应逐渐增强，固定效应估计对应的低竞争→中竞争→高竞争三个组别，高管薪酬对公司绩效的边际效应分别为 0.176→0.256→0.550，随机效应估计对应的低竞争→中竞争→高竞争三个组别，高管薪酬对公司绩效的边际效应分别为 0.297→0.303→0.468，表明在中国企业的实践中，产品市场竞争与高管薪酬激励之间存在显著的互补关系，即两种机制对公司的治理效应相互补充。

五、稳健性检验

为进一步考察上文研究结论的可靠性，本章进行以下稳健性检验：

（一）内生性问题

考虑到高管薪酬与公司绩效之间可能存在内生性，基础模型中已将高管薪酬滞后一阶处理。作为稳健性检验，本章选择高管薪酬的二阶滞后变量作为其一阶变量的工具变量，并采用面板工具变量法（Panel-IV 估计）对基础模型重新进行估计，结果如表5-4所示。

表 5-4 Panel-IV 估计结果

因变量：TobinQ	（1）全样本	（2）低竞争	（3）中竞争	（4）高竞争
l.lnsalary	0.542***	0.272**	0.488***	0.713***
	(0.042)	(0.124)	(0.068)	(0.081)
l.lerner	−0.145***			
	(0.054)			
l.equity	−0.015***	−0.019***	−0.019***	−0.016***
	(0.002)	(0.004)	(0.003)	(0.004)
l.ratio	0.258	−0.999	0.837	1.379**
	(0.345)	(0.786)	(0.540)	(0.646)
l.dual	0.187***	0.258**	0.266***	0.209**
	(0.049)	(0.110)	(0.080)	(0.091)
l.director	−0.048***	−0.025	−0.036*	−0.053**
	(0.013)	(0.030)	(0.019)	(0.024)
l.supervisor	−0.017	−0.028	−0.008	−0.079*
	(0.023)	(0.053)	(0.034)	(0.045)

续表

因变量：TobinQ	（1） 全样本	（2） 低竞争	（3） 中竞争	（4） 高竞争
l. size	-0.785*** (0.033)	-0.556*** (0.087)	-0.604*** (0.056)	-1.008*** (0.065)
l. lev	0.174 (0.107)	0.492* (0.260)	0.273 (0.171)	0.149 (0.207)
_cons	12.125*** (0.592)	13.965*** (1.765)	8.455*** (0.924)	14.065*** (1.317)
Industry	控制	控制	控制	控制
Company	控制	控制	控制	控制
N	15206	4789	5304	5212
R^2	0.098	0.070	0.095	0.123

从表5-4来看，采用面板工具变量法重新对模型估计后，主要关注的高管薪酬、产品市场竞争两个变量对公司绩效的影响并未发生显著变化，系数符号和显著性水平与表5-3中固定效应的估计结果完全一致，系数大小也相当。按竞争强度分组的估计结果同样呈现出高管薪酬对公司绩效的边际效应随产品市场竞争程度的增强而逐渐提升的现象，印证了高管薪酬与产品市场竞争之间的互补关系。此外，其他控制变量的系数符号和显著性水平同样未发生重大变化，与表5-3的估计结果高度一致。

（二）替换被解释变量

作为稳健性检验，本章进一步选择公司资产报酬率ROA和净资产收益率ROE作为公司绩效的代理变量，并保持模型中其他所有变量不变，仍采用固定效应估计法进行回归。估计结果如表5-5所示。

表5-5的估计结果显示，在选择资产报酬率ROA和净资产收益率ROE作为公司绩效的代理变量后，高管薪酬对公司绩效的边际提升效应在低竞争组与中竞争组中相差不大，系数估值分别为0.016和0.012、0.014和0.010，而在

第五章 高管薪酬与产品市场竞争的公司治理效应：替代还是互补

表 5-5 替换被解释变量估计结果

	因变量：ROA			因变量：ROE		
	（1）低竞争	（2）中竞争	（3）高竞争	（4）低竞争	（5）中竞争	（6）高竞争
l.lnsalary	0.016***	0.012***	0.023***	0.014***	0.010***	0.021***
	(0.002)	(0.002)	(0.003)	(0.002)	(0.002)	(0.003)
_cons	0.283***	0.082*	-0.009	0.218***	0.075*	-0.002
	(0.052)	(0.045)	(0.070)	(0.043)	(0.039)	(0.069)
控制变量	控制	控制	控制	控制	控制	控制
Industry	控制	控制	控制	控制	控制	控制
Company	控制	控制	控制	控制	控制	控制
N	4789	5304	5212	4789	5304	5212
R^2	0.077	0.089	0.072	0.076	0.086	0.067

高竞争组中的效用最大，回归系数分别为0.023、0.021，六组回归结果都在1%的统计水平上显著，尽管没有呈现出明显的递增趋势，但仍然可以看出，产品市场竞争越激烈，高管薪酬对公司绩效的提升效应越大，总体上仍然可以认为，高管薪酬激励与产品市场竞争之间存在明显的互补效应。

（三）替换高管薪酬变量

作为稳健性检验，本章保持模型中的被解释变量TobinQ和其他所有控制变量不变，将高管薪酬lnsalary替换成董事薪酬lndirector_pay作为解释变量，并重复基础实验，具体回归结果如表5-6所示。

表 5-6 替换高管薪酬变量的估计结果

因变量：TobinQ	（1）全样本	（2）低竞争	（3）中竞争	（4）高竞争
l.lnsalary	0.285***	0.137***	0.128***	0.399***
	(0.028)	(0.050)	(0.039)	(0.050)
_cons	11.011***	9.453***	6.686***	18.187***
	(0.803)	(1.152)	(1.111)	(2.047)

· 115 ·

续表

因变量：TobinQ	(1)全样本	(2)低竞争	(3)中竞争	(4)高竞争
控制变量	控制	控制	控制	控制
Industry	控制	控制	控制	控制
Company	控制	控制	控制	控制
N	14706	4650	5130	5021
R^2	0.099	0.060	0.104	0.183

将高管薪酬变量替换为董事薪酬变量后的固定效应估计结果显示，随着产品市场竞争程度的不断增强，薪酬激励对公司绩效的边际效应逐渐提升，对应中竞争→高竞争，薪酬变量的系数估值依次为 0.128→0.399，印证了在公司治理效应方面，高管薪酬与产品市场竞争之间存在互补关系。

（四）替换产品市场竞争变量

作为稳健性检验，本章保持模型中的被解释变量 TobinQ 和其他所有控制变量不变，将产品市场竞争 lerner 替换成 rent 和 competition，并重新利用固定效应进行估计。与上文的研究相似，本章分别按 rent 和 competition 的高低将样本平均分为 9 组，将最低的 3 组定义为高竞争组，将中间 3 组定义为中竞争组，将最高的 3 组定义为低竞争组，具体回归结果如表 5-7 所示。

表 5-7 替换产品市场竞争变量的估计结果

因变量：TobinQ	按 rent 分组			按 competition 分组		
	(1)低竞争	(2)中竞争	(3)高竞争	(4)低竞争	(5)中竞争	(6)高竞争
l.lnsalary	0.213***	0.229***	0.414***	0.111**	0.261***	0.617***
	(0.064)	(0.047)	(0.056)	(0.046)	(0.041)	(0.064)
_cons	10.247***	7.498***	14.736***	10.559***	6.834***	15.639***
	(1.160)	(1.033)	(1.659)	(0.773)	(0.933)	(1.854)

第五章 高管薪酬与产品市场竞争的公司治理效应：替代还是互补

续表

因变量：TobinQ	按 rent 分组			按 competition 分组		
	(1) 低竞争	(2) 中竞争	(3) 高竞争	(4) 低竞争	(5) 中竞争	(6) 高竞争
控制变量	控制	控制	控制	控制	控制	控制
Industry	控制	控制	控制	控制	控制	控制
Company	控制	控制	控制	控制	控制	控制
N	4642	5060	5154	4767	5144	4932
R^2	0.068	0.081	0.190	0.074	0.093	0.171

将 lerner 替换为 rent 和 competition 的固定效应估计结果显示，高管薪酬对公司绩效的治理效应会随产品市场竞争激烈程度呈现递增趋势，对应低竞争→中竞争→高竞争，两种分组回归下的薪酬变量的系数估值依次为 0.213→0.229→0.414、0.111→0.261→0.617，再次印证了高管薪酬与产品市场竞争在公司治理效应方面的互补关系。

（五）剔除 2008 年的样本

考虑到本章的样本区间（2005~2013 年）内包含 2008 年的全球金融危机事件，而 2008 年国内所有企业普遍亏损，为排除该事件对回归结果的干扰，本章进一步剔除掉 2008 年的样本并对非金融危机样本重新采用固定效应估计以进行稳健性检验，具体回归结果见表 5-8 中回归（1）~（4）。

表 5-8 剔除金融危机和"限薪令"事件影响的估计结果

因变量：TobinQ	排除金融危机的影响，去掉 2008 年的样本				排除限薪令的影响，去掉 2010 年的样本			
	(1) 全样本	(2) 低竞争	(3) 中竞争	(4) 高竞争	(5) 全样本	(6) 低竞争	(7) 中竞争	(8) 高竞争
l.lnsalary	0.411*** (0.036)	0.203*** (0.070)	0.258*** (0.052)	0.510*** (0.065)	0.420*** (0.035)	0.207*** (0.063)	0.256*** (0.049)	0.568*** (0.064)
l.lerner	-0.194*** (0.074)				-0.138** (0.070)			

续表

因变量:TobinQ	排除金融危机的影响，去掉2008年的样本				排除限薪令的影响，去掉2010年的样本			
	（1）	（2）	（3）	（4）	（5）	（6）	（7）	（8）
	全样本	低竞争	中竞争	高竞争	全样本	低竞争	中竞争	高竞争
_cons	11.777***	11.287***	7.891***	18.762***	10.633***	10.083***	7.136***	15.968***
	(0.817)	(1.315)	(1.137)	(2.056)	(0.773)	(1.210)	(1.101)	(1.856)
控制变量	控制	控制	控制	控制	控制	控制	控制	控制
Industry	控制	控制	控制	控制	控制	控制	控制	控制
Company	控制	控制	控制	控制	控制	控制	控制	控制
N	14074	4453	4941	4763	14012	4364	4905	4842
R^2	0.114	0.078	0.120	0.204	0.110	0.060	0.115	0.192

（六）剔除2010年的样本

同理，本章的样本区间（2005~2013年）内也包含2009年政府"限薪令"的颁布实施。该法令出台后，所有中央企业和地方国有企业在不同程度上都对高管薪酬政策进行了改革。为排除该事件对回归结果的干扰，考虑到政策固有的滞后性，本章进一步剔除掉2010年的样本并重新采用固定效应估计以进行稳健性检验，具体回归结果见表5-8中回归（5）~（8）。

表5-8报告了排除金融危机事件和央企限薪事件干扰后的估计结果，可以看到，全样本中高管薪酬变量与产品市场竞争变量对公司绩效影响的边际效应的符号、显著性水平都没有发生变化，区分竞争强度的子样本回归结果同样呈现高管薪酬边际效应的递增趋势，再次印证了高管薪酬与产品市场竞争之间关于公司治理效应的互补关系。

（七）构建交互项计量模型

上文主要通过分组讨论高管薪酬激励与产品市场竞争之间关于公司治理效应的相互作用，作为稳健性检验，本章进一步构建关于产品市场竞争与高管薪酬激励的交互项模型并进行重复试验，为避免变量的多重共线性问题，本章将

第五章 高管薪酬与产品市场竞争的公司治理效应：替代还是互补

交互项作二阶滞后处理，估计结果如表 5-9 所示。

表 5-9 交互项模型的回归结果

	FE 估计／因变量：TobinQ		Panel-IV 估计／因变量：TobinQ	
	（1）	（2）	（3）	（4）
l.lnsalary	0.355*** (0.038)		0.550*** (0.042)	
l.lerner	-0.151** (0.072)	-0.116 (0.074)	-0.149*** (0.054)	-0.116** (0.055)
l2.lerner×lnsalary	-0.009* (0.005)		-0.009** (0.004)	
l.lndirector_pay		0.262*** (0.030)		0.431*** (0.040)
l2.lerner×lndirector_pay		-0.010* (0.005)		-0.010** (0.004)
_cons	12.586*** (0.820)	13.024*** (0.862)	12.158*** (0.595)	12.650*** (0.611)
控制变量	控制	控制	控制	控制
Industry	控制	控制	控制	控制
Company	控制	控制	控制	控制
N	13134	12548	13134	12548
R^2	0.103	0.100	0.331	0.318

表 5-9 报告了关于产品市场竞争与高管薪酬激励交互项模型的估计结果，从回归（1）来看，高管薪酬激励与产品市场竞争两个变量的回归结果与表 5-3 高度一致，高管薪酬激励与产品市场竞争对公司绩效都有显著的提升效应，而两者的交互项系数同样显著为负，表明随着产品市场竞争程度的提高，高管薪酬激励对公司绩效的提升效应越强，意味着产品市场竞争与高管薪酬激励之间关于公司治理效应存在相互补充的作用，回归（2）~（4）的结果同样印证了这一结论。

综上所述，在采用新的估计方法控制内生性问题、替换被解释变量、替换解释变量、排除金融危机事件和央企限薪事件干扰、构建交互项模型等一系列稳健性检验后，发现本章的基础结论并未发生重大变化，可以充分认为，高管薪酬激励与产品市场竞争之间关于公司治理效应发挥显著互补作用的结论是稳健的。

第四节 进一步研究：基于产权性质的视角

上文基于全样本实证分析了高管薪酬激励与产品市场竞争这两种机制之间在发挥公司治理效应时的相互关系，结果证实了中国上市公司高管薪酬激励与产品市场竞争这两种机制的公司治理效应之间存在显著的互补效应，即高管薪酬激励对公司绩效的提升效应会随着产品市场竞争程度的增强而提高，这反映了产品市场竞争作为一种外部治理机制，有助于发挥其对内部治理机制的互补性。那么，这种机制间的互补性是否会受企业产权性质的影响？不同所有制类型的企业，是否也存在这种互补关系？在中国不断推进国有企业改革的背景下，考察长期受到政府薪酬管制的国有企业和始终在市场竞争中成长的民营企业的高管薪酬激励与产品市场竞争之间相互关系的差异性具有重要的意义。因此，与第四章的研究类似，本节进一步基于产权性质差异的视角将全样本划分为国有企业和民营企业两个子样本，重新检验高管薪酬激励与产品市场竞争之间的互补关系。

表5-10报告了区分产权性质差异的分样本基础回归结果。可以看到，在国有企业和民营企业两个分样本中，高管货币薪酬与公司绩效之间均存在显著的正相关关系，回归系数分别为0.318和0.361，反映了高管薪酬对国有企业和民营企业的高管同样具有激励作用。而产品市场竞争的治理作用则存在产权差异，在国有企业分样本，产品市场竞争变量的反向指标与公司绩效呈现正相关，但是不具有统计上的显著性，说明单独的产品市场竞争对国有企业的影响相对较小，甚至未有明显的治理作用；而产品市场竞争对民营企业的绩效则有

第五章 高管薪酬与产品市场竞争的公司治理效应:替代还是互补

显著的提升效应,回归系数为-0.245,并且在5%的统计水平上显著,表明产品市场竞争激烈程度越高,越有助于提升民营企业的绩效。

表5-10 区分产权性质差异的分样本基础回归结果

因变量:TobinQ	国有企业				民营企业			
	(1) 全样本	(2) 低竞争	(3) 中竞争	(4) 高竞争	(5) 全样本	(6) 低竞争	(7) 中竞争	(8) 高竞争
l.lnsalary	0.318*** (0.038)	0.204** (0.084)	0.161*** (0.044)	0.464*** (0.069)	0.361*** (0.063)	0.008 (0.117)	0.315*** (0.108)	0.507*** (0.127)
l.lerner	0.011 (0.085)				-0.245** (0.111)			
l.equity	-0.019*** (0.002)	-0.022*** (0.005)	-0.024*** (0.003)	-0.022*** (0.005)	-0.017*** (0.004)	-0.022*** (0.005)	-0.024*** (0.006)	-0.011 (0.008)
l.ratio	0.172 (0.361)	0.122 (0.795)	-0.234 (0.478)	1.317* (0.738)	2.203*** (0.742)	0.591 (1.165)	3.277** (1.499)	2.685** (1.258)
l.dual	0.133** (0.065)	0.154 (0.136)	0.119 (0.081)	0.114 (0.134)	0.167 (0.114)	0.198 (0.197)	0.298 (0.183)	0.151 (0.216)
l.director	-0.034** (0.016)	0.013 (0.030)	-0.037* (0.020)	0.039 (0.032)	-0.107*** (0.027)	-0.091* (0.049)	-0.068* (0.039)	-0.118** (0.051)
l.supervisor	-0.049 (0.031)	-0.117* (0.061)	-0.005 (0.037)	-0.052 (0.065)	0.008 (0.065)	0.094 (0.121)	0.005 (0.082)	-0.190* (0.110)
l.size	-0.565*** (0.045)	-0.511*** (0.077)	-0.268*** (0.055)	-0.694*** (0.095)	-0.478*** (0.075)	-0.004 (0.114)	-0.281** (0.117)	-0.990*** (0.201)
l.lev	-0.092 (0.153)	0.402 (0.274)	-0.120 (0.194)	-0.385 (0.351)	-0.211 (0.233)	-0.367 (0.388)	-0.168 (0.522)	0.286 (0.531)
_cons	10.839*** (0.830)	11.343*** (1.317)	5.989*** (1.012)	11.519*** (1.928)	8.522*** (1.441)	5.066*** (1.969)	3.718* (2.056)	17.348*** (4.074)
Industry	控制	控制	控制	控制	控制	控制	控制	控制
Company	控制	控制	控制	控制	控制	控制	控制	控制
N	8695	2445	3274	3016	5969	2151	1862	2010
R^2	0.105	0.088	0.089	0.161	0.100	0.080	0.158	0.191

从区分产品市场竞争程度的回归结果看，随着产品市场竞争激烈程度的不断增强，高管薪酬激励对公司绩效的提升效应有所提高。从总体上看，国有企业高管薪酬激励对公司绩效的边际效应逐渐提升，对应中竞争→高竞争的竞争程度变化，薪酬变量的系数估值依次为 0.161→0.464，印证了高管薪酬与产品市场竞争之间的互补关系；同理，民营企业高管薪酬激励对公司绩效的边际效应也随着产品市场竞争程度的增强而得到提升，对应中竞争→高竞争的竞争程度变化，薪酬变量的系数估值依次为 0.315→0.507，同样印证了高管薪酬与产品市场竞争之间的互补关系。上述研究结论反映了上市公司内部高管薪酬激励与外部产品市场竞争之间的公司治理效应的互补性不受企业产权性质的影响。

为使回归结果更加稳健，本节进行如下稳健性测试：

一是控制内生性问题。为避免高管薪酬激励与公司绩效之间可以存在的逆向因果关系，本节采用能更好地控制内生性问题的面板工具变量法（Panel-IV 估计）进行估计。二是采用 ROA 替换 TobinQ 进行重复试验。三是采用董事薪酬 lndirector_ pay 替换高管薪酬 lnsalary 变量进行重复试验。四是采用 competition 替换产品市场竞争（lerner）变量进行重复试验。

表 5-11 报告了处理内生性问题的 Panel-IV 估计结果。可以看到，Panel-IV 估计结果与固定效应估计结果高度一致。在相对较低的市场竞争环境中，高管薪酬激励对国有企业的绩效能够产生较大的激励作用，但其对民营企业的绩效未能发挥明显的作用。然而，在外部市场竞争环境相对激烈的情况下，高管薪酬激励对国有企业和民营企业的绩效都能发挥显著的提升效应，并且这种效应随着市场竞争程度的增强而提升，对应中竞争→高竞争，国有企业样本中高管薪酬变量的系数估值依次为 0.320→0.567，民营企业样本中高管薪酬变量的系数估值依次为 0.647→0.958，证明了高管薪酬与产品市场竞争之间关于公司绩效的提升效应存在互补性的研究结论是较为稳健的，并且这种互补性不受企业产权性质的影响。

第五章 高管薪酬与产品市场竞争的公司治理效应：替代还是互补

表 5-11 区分产权性质差异的 Panel-IV 回归结果

因变量：TobinQ	国有企业			民营企业		
	(2)	(3)	(4)	(6)	(7)	(8)
	低竞争	中竞争	高竞争	低竞争	中竞争	高竞争
l.lnsalary	0.288*	0.320***	0.567***	0.092	0.647***	0.958***
	(0.172)	(0.080)	(0.088)	(0.283)	(0.162)	(0.219)
_cons	14.209***	6.976***	7.813***	9.363***	5.095**	14.285***
	(2.046)	(1.076)	(1.745)	(2.706)	(2.214)	(2.854)
控制变量	控制	控制	控制	控制	控制	控制
Industry	控制	控制	控制	控制	控制	控制
Company	控制	控制	控制	控制	控制	控制
N	2099	2876	2764	1693	1615	1795
R^2	0.077	0.089	0.072	0.076	0.086	0.067

注：Panel-IV 估计中选择高管薪酬的二阶滞后变量作为一阶变量的工具变量。

表 5-12 报告了替换被解释变量的稳健性检验结果。从总体上看，在将 TobinQ 替换为 ROA 后，对应中竞争→高竞争，国有企业样本中高管薪酬变量的系数估值依次为 0.011→0.021，民营企业样本中高管薪酬变量的系数估值依次为 0.013→0.017，并且都在 1% 的统计水平上显著，意味着国有企业和民营企业两个样本中高管薪酬激励对公司绩效的提升效应依然会随着产品市场竞争激烈程度的加大而提高。

表 5-12 替换被解释变量的稳健性检验结果

因变量：ROA	国有企业			民营企业		
	(2)	(3)	(4)	(6)	(7)	(8)
	低竞争	中竞争	高竞争	低竞争	中竞争	高竞争
l.lnsalary	0.015***	0.011***	0.021***	0.015***	0.013***	0.017***
	(0.003)	(0.003)	(0.004)	(0.004)	(0.003)	(0.006)
_cons	0.157**	0.090	0.108	0.157*	0.106	-0.049
	(0.069)	(0.064)	(0.098)	(0.082)	(0.065)	(0.123)

续表

因变量：ROA	国有企业			民营企业		
	（2）低竞争	（3）中竞争	（4）高竞争	（6）低竞争	（7）中竞争	（8）高竞争
控制变量	控制	控制	控制	控制	控制	控制
Industry	控制	控制	控制	控制	控制	控制
Company	控制	控制	控制	控制	控制	控制
N	2445	3274	3016	2151	1862	2010
R^2	0.089	0.108	0.073	0.112	0.130	0.086

表 5-13 报告了采用董事薪酬替换高管薪酬的稳健性检验结果。从总体上看，在将高管薪酬替换为董事薪酬后，国有企业和民营企业两个样本中高管薪酬对公司绩效的提升效应依然随着产品市场竞争激烈程度的加大而提高。对应中竞争→高竞争，国有企业样本中高管薪酬变量的系数估值依次为 0.081→0.276，民营企业样本中高管薪酬变量的系数估值依次为 0.200→0.485，证明了高管薪酬与产品市场竞争这两种机制的公司治理效应间存在互补性的研究结论是较为稳健的。

表 5-13 替换高管薪酬变量的稳健性检验结果

因变量：TobinQ	国有企业			民营企业		
	（2）低竞争	（3）中竞争	（4）高竞争	（6）低竞争	（7）中竞争	（8）高竞争
l.lndirector_pay	0.126** (0.063)	0.081** (0.033)	0.276*** (0.051)	0.049 (0.093)	0.200** (0.101)	0.485*** (0.114)
_cons	11.287*** (1.381)	6.077*** (1.065)	13.444*** (2.070)	2.855* (1.630)	2.063 (1.934)	17.880*** (4.136)
控制变量	控制	控制	控制	控制	控制	控制
Industry	控制	控制	控制	控制	控制	控制
Company	控制	控制	控制	控制	控制	控制
N	2351	3160	2884	2116	1816	1968
R^2	0.083	0.085	0.158	0.075	0.146	0.197

第五章 高管薪酬与产品市场竞争的公司治理效应：替代还是互补

表5-14报告了采用产品市场竞争的稳健性指标competition替换原产品市场竞争变量的稳健性检验结果。从总体上看，在采用新的市场竞争变量进行分组后，国有企业和民营企业两个样本中高管薪酬对公司绩效的提升效应依然随着产品市场竞争激烈程度的加大而提高。对应中竞争→高竞争，国有企业样本中高管薪酬变量的系数估值依次为0.216→0.569，民营企业样本中高管薪酬变量的系数估值依次为0.321→0.510，再次印证了高管薪酬激励与产品市场竞争之间在提升公司绩效方面发挥着互补作用。

表5-14 替换产品市场竞争变量的稳健性检验结果

因变量：TobinQ	国有企业			民营企业		
	(2) 低竞争	(3) 中竞争	(4) 高竞争	(6) 低竞争	(7) 中竞争	(8) 高竞争
l.lnsalary	0.147** (0.060)	0.216*** (0.049)	0.569*** (0.083)	-0.038 (0.095)	0.321*** (0.085)	0.510*** (0.116)
_cons	8.966*** (1.370)	7.911*** (1.194)	12.816*** (2.187)	7.095*** (1.599)	2.063 (1.784)	11.702*** (3.611)
控制变量	控制	控制	控制	控制	控制	控制
Industry	控制	控制	控制	控制	控制	控制
Company	控制	控制	控制	控制	控制	控制
N	2501	1779	1805	2250	2501	1779
R^2	0.164	0.110	0.110	0.160	0.164	0.110

综上所述，在经过内生性处理、替换关键变量等一系列稳健性测试下，高管薪酬激励与产品市场竞争之间关于公司绩效提升效应的互补性在国有企业和民营企业两个子样本中仍然成立，表明公司内部高管薪酬激励与公司外部产品市场竞争之间的互补性不受企业产权性质的影响。

第五节 影响机理分析

从文献分析可知,目前学者更多的是探讨企业外部市场竞争机制与内部治理机制如何影响企业财务决策和企业绩效,或者探讨董事会治理、股权结构等与产品市场竞争的相互作用,鲜有文献专门讨论企业实际管理者的激励机制与产品市场竞争的互动关系。本章的研究结论认为,高管薪酬激励与产品市场竞争都能够显著促进公司绩效的提高,并且高管薪酬激励与产品市场竞争这两种机制在发挥公司治理效应时相互促进,彼此间存在显著的互补关系。对此,有必要详细分析产品市场竞争与高管薪酬激励之间的影响机理。

产品市场竞争作为一种外部机制,其对公司的治理效应主要从以下两个方面得以体现:一是产品市场竞争可以传递市场上有关企业同类产品的价格信号、产品质量、销售情况等信息,管理者可以通过这些信息推断企业的生产成本,动态调整本企业的成本—收益函数,从容应对市场竞争;二是产品市场竞争可以为处于信息不利一方的外部股东、债权人等传递更多的经营绩效对比的标杆,股东通过这些信息可以更加准确地评判管理层的努力程度及经营能力等。在一定的利润激励下,产品市场竞争类似一个"放大控制器",竞争程度越大,利润激励刺激管理层努力工作的作用就越大。

高管薪酬激励作为一种内部机制,其主要通过以下三种途径发挥其公司治理作用:一是在薪酬水平及其构成方面通过替代效应和收入效应发挥作用;二是在薪酬结构方面根据锦标赛理论和行为理论产生影响;三是通过与公司所处的外部市场环境、公司的发展现状、公司所有权性质、所有权结构、管理者行为等因素相结合产生一定的效应。

目前,关于产品市场竞争机制与高管薪酬激励的互补机理的文献还较为缺乏,相关的文献更多的是讨论产品市场竞争如何约束管理层的行为。譬如,国外学者 Hermalin(1992)在"研究产品市场竞争对管理者行为的影响"一文中提出了产品市场竞争影响管理者行为的四种影响机制,并指出这些机制潜在地表现出模糊的影响方向。这四种机制分别为:①激烈的竞争环境会降低企业的边际利润,这种利润缩减会影响管理者进行降低成本或增加需求等决策的边际收益;②激烈的竞争环境会影响管理者对企业收益风险的调整效应;③激烈的竞争环境所导致的企业收益的变化会影响管理者努力程度的边际价值;④行业中的竞争者数量会影响管理者接收到的市场信息的质量。

综上分析,本章认为,产品市场竞争机制与高管薪酬激励之间关于提升企业绩效的互补机理主要是通过信息传递来完成的,激烈的市场竞争环境有效地强化了对高管的约束和激励。本章将其总结为三个效应,分别是能力甄别效应、业绩激励效应以及声誉刺激效应。

(1) 能力甄别效应。产品市场竞争通过标杆的方式为处于信息劣势的股东、外部投资者等传递出高管行为与经营绩效信息,股东和投资者通过这些信息可以甄别出高管的努力程度和经营能力水平,有效地缓解了信息不对称问题。随着外部市场竞争越来越激烈,同个行业内参与竞争的企业不对称信息就逐渐减少,这说明产品市场竞争会对高管的行为起到一定的约束作用,也为股东提供了一定程度上的监督高管行为的作用。换言之,市场竞争作为一种外部监督机制,能够通过信息的传递来强化公司内部高管薪酬的激励作用。

(2) 业绩激励效应。随着高管薪酬改革的不断推进,业绩导向型市场化薪酬契约越来越普遍,高管的薪酬高低与企业的经营业绩直接相关,从理性人出发,高管势必会竭力提升企业绩效。然而,产品市场竞争程度较大的行业,企业只能占有较小的市场份额,并且对该份额的经营压力相对较大,高管需要付出更多的努力和精力,此时股东如果给予高管更多的薪酬补偿,将能够从更大程度上激发高管的工作热情,调动高管的工作积极性,使高管与股东的利益趋于一致,从而提升高管对企业绩效的边际贡献。

(3) 声誉刺激效应。随着产品市场竞争激烈程度的不断增强,企业生存能力受到较大的考验,企业经营风险会增大,此时产品市场竞争机制会给企业带来"破产威胁",若在高管的经营管理下,企业遭遇清算破产,则会对高管的声誉,进而对高管的职业生涯造成不利影响。因此,这种声誉刺激效应会充分调动高管的工作积极性，使得高管主观上努力的意愿有所增强，从而极大地提升高管薪酬激励所起的治理效应。

第六节　本章小结

首先，本章构建了一个委托—代理模型，通过理论分析发现高管薪酬激励与产品市场竞争之间可能存在替代关系，也可能存在互补关系，其主要取决于公司对高管绩效薪酬契约的设计类型，当公司仅采用自身业绩作为制定高管薪酬的标准，或者当公司的高管绩效薪酬对竞争企业业绩的敏感性为正时，产品市场竞争与高管薪酬激励表现为替代效应；而当公司的高管绩效薪酬对竞争企业业绩的敏感性为负，且该负比重明显大于对自身业绩的敏感性时，产品市场竞争与高管薪酬激励表现为互补效应。从对现实情况和理性人的角度进行判断，本章认为，公司对于高管薪酬契约的设计一般是采用第二种方案，即对竞争企业的业绩施加一个较大的负比重，以此来激励和约束高管的工作积极性。

其次，本章选择2003~2015年中国上市公司数据为样本，实证检验了高管薪酬与产品市场竞争的交互关系。检验结果表明，在中国的转型经济背景下，高管薪酬和产品市场竞争都显著提升了企业绩效，并且产品市场竞争激烈程度可以显著提升高管薪酬对公司绩效的正向促进作用，表明两种机制间存在互补关系；并且该结论在经过替换主要变量、替换估计方法、剔除"限薪令"等外部政策、剔除金融危机事件、构建交互项模型等一系列稳健性检验中依然成立。

再次，考虑到国有企业与民营企业对于高管的聘用和薪酬制度设计等方面存在着较大的差异，本章基于产权性质差异的视角对全样本进行子样本划分，并重新检验了国有企业和民营企业两个子样本高管薪酬与产品市场竞争之间的相互关系，结果发现，国有企业和民营企业两个样本中高管薪酬对公司绩效的边际提升效应均随着产品市场竞争激烈程度的扩大而提高，表明公司内部高管薪酬激励与公司外部产品市场竞争之间的互补性不受企业产权性质的影响。该结论在经过一系列稳健性测试后依然成立，表明上述研究结论相对稳健。

最后，通过理论分析，本章发现产品市场竞争机制主要通过能力甄别效应、业绩激励效应以及声誉刺激效应三个路径强化高管薪酬的激励作用。

综上所述，本章的研究是对公司治理领域的有益补充，在理论层面有助于推动对公司内部和外部治理机制之间的相互作用机理的深入探索，完善和丰富公司治理机制的研究文献；对现实中企业的实务操作也有一定的启示意义。

（1）高管薪酬激励对公司绩效有显著的正向提升效应，对此公司应该积极完善高管的"薪酬—绩效"契约设计，推动业绩型市场化薪酬制度改革，提高薪酬的激励效应。

（2）产品市场竞争机制对公司同样有显著的治理作用，然而在中国的转轨经济中，相关市场化管理制度尚不完善，竞争过度激烈可能导致较高的企业破产可能性，对此应该不断完善转轨经济下的市场经济体制，提高市场的能力甄别效应和声誉刺激效应。

（3）高管薪酬激励配合产品市场竞争机制能够更大程度地发挥其治理效力，对此公司应该强化这两种机制的相互促进作用，处于竞争激烈程度较高行业中的公司应该提高高管的薪酬激励力度，处于竞争相对缓和行业中的公司可以适度降低高管的薪酬激励水平。

总之，建立健全完善的公司治理机制，不能仅靠某一机制的作用，还应该相机选择其他机制，共同配合发挥出更优化的治理效应。

第六章　在职消费与产品市场竞争的公司治理效应：替代还是互补

第一节　引言

高管在职消费具有代理成本和隐性激励双重属性，本书第四章厘清了在职消费的"代理观"和"效率观"，认为在职消费的"代理观"和"效率观"是有机统一体，关键在于"度"的把握；并且，第四章的研究也发现了高管货币薪酬与在职消费之间的替代性作用。而第五章考察了高管货币薪酬与产品市场竞争之间的相互关系，发现在中国的转型经济背景下，上市公司高管货币薪酬与产品市场竞争均能有效提升公司绩效，与此同时，随着产品市场竞争激烈程度的提升，高管货币薪酬对公司绩效的边际效应逐渐增大，反映了高管货币薪酬与产品市场竞争两种机制间存在互补性。那么，作为高管货币薪酬的补偿性替代，在职消费隐性激励与外部产品市场竞争这两种机制对公司绩效的治理效应之间是否存在一定的相互关系？若答案是肯定的，那究竟是存在替代关系还是互补关系？这是本章主要关心的问题。

如图6-1所示，当在职消费对公司绩效的边际提升效应随着产品市场竞争激烈程度的扩大而下降时，表明两种机制之间存在替代关系；反之，当在职消费对公司绩效的边际提升效应随着产品市场竞争激烈程度的扩大而提高时，意味着两种机制之间存在互补关系。从前文的文献回顾看,目前鲜有文献关注公司治理机制中的隐性激励和外部竞争机制两者间的相互关系,而厘清这一问题有助于更好地完善公司治理机制和把握各种治理机制之间的互动性,因此,本章对上述问题的研究具有一定的现实意义。

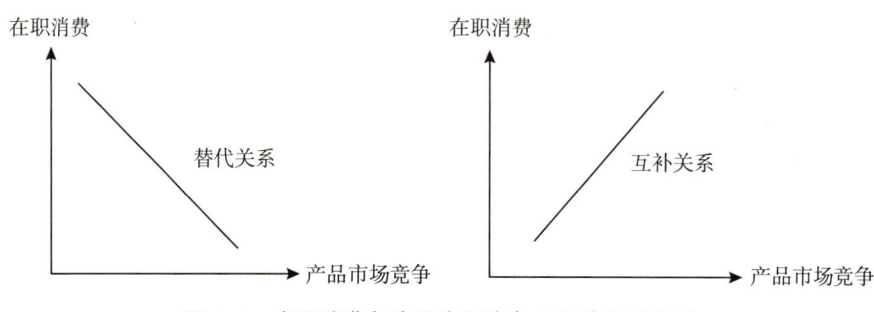

图 6-1 在职消费与产品市场竞争之间的相互关系

第二节 理论模型

一、基准模型——纯寡头市场结构

目前关于管理层在职消费问题的理论研究较为缺乏,就本书第二章综述部分所追踪和归纳的文献来看,仅发现 Marino 和 Zábojník(2008)将管理层在职消费问题引入委托—代理分析框架中,探讨高管在职消费与正式薪酬契约之间的关系。该文的研究结果表明,公司委托人应该免费提供在职消费、高管应该获得更多的在职消费待遇、任职于治理水平较高的公司中的高管会享受更多的职务消费等。然而,Marino 和 Zábojník(2008)的研究中所存在的缺陷是仅设置了一家企业,未能将分析进行深化。因此,为了引入竞争的作用,本章对该模型进行扩展，通过设置两家企业的竞争把产品市场竞争成功引入管理层在职消费问题的理论框架中。

综上所述，借鉴 Marino 和 Zábojník（2008）的研究，本章考虑将产品市场竞争引入管理层在职消费问题的理论框架中，旨在探讨高管在职消费与产品市场竞争这两种治理机制在发挥公司治理效应时是否存在相互关系。在基准模型部分，本章假设产品市场上有两家对称的纯寡头民营企业进行古诺产量竞争，他们共同生产一种产品，产品间具有不完全替代性。设两家企业的产出分别为 x_1 和 x_2，将市场规模标准化为 1，则市场反需求函数为：

$$p_i(x_1,x_2) = 1-x_i-\gamma x_j, \quad i,j \in \{1,2\}, i \neq j \quad (6-1)$$

式（6-1）中，$\gamma \in (0,1)$ 衡量企业产品间的替代性，该值越大，产品替代性越强，表明产品市场竞争越激烈。

为避免外生给定企业的边际生产成本，本章假设两家企业的生产均体现出规模报酬递减的特征，设定成本函数为 $C_i(x_i) = x_i^2$，$i=1,2$，因此，两家企业的利润函数表示为：

$$\pi_i(x_i,x_j) = (1-x_i-\gamma x_j)x_i - x_i^2 \quad i,j \in \{1,2\}, i \neq j \quad (6-2)$$

与现有研究一致，本章采用社会福利函数衡量社会总体福利状况，并将其定义为生产者剩余与消费者剩余之和，具体的消费者剩余和社会福利表示为：

$$CS(x_1,x_2) = \frac{1}{2}(x_1+x_2)^2 + \gamma x_1 x_2 \quad (6-3)$$

$$W(x_1,x_2) = -\frac{3x_1^2}{2} + x_2 - \frac{3x_2^2}{2} + x_1(1+x_2-\gamma x_2) \quad (6-4)$$

根据上述的模型设定，两家纯寡民营企业在完全信息条件下进行古诺产量竞争，追求利润最大化，由一阶条件，可解得每家企业的古诺均衡产出为：

$$x_i = \frac{1}{4+\gamma}, \quad i=1,2 \quad (6-5)$$

由式（6-5）可以发现，在不存在代理问题的情形下，纯寡头市场上每家民营企业的均衡产出仅取决于产品市场的竞争程度，竞争越激烈，产出越小。

从企业内部结构看，借鉴 Marino 和 Zábojník（2008）、Agha（2016）的模

型假设，本章设定这两家企业均由一个风险中立的委托人（即企业所有者）和一个风险规避的代理人（即企业管理者）组成。设定代理人选择不可观测的行动 $a_i \in R_+$，委托人会根据在代理人的经营阶段中公司的产出水平为代理人制定一份正式的线性绩效契约，与此同时，还为代理人提供技术上的职务消费，这种职务消费被代理人视作消费品，通过这种职务消费代理人可以获得一定的效用，换言之，这种职务消费也可以视为一种非劳动投入，从某种意义上理解，它可以有效提高代理人的生产率。

假定代理人选择行动 a_i，并且企业提供了 $q_i(q_i>0)$ 单位的在职消费，参照 Marino 和 Zábojník（2008）的做法，企业的产出可以表示为：

$$y_i = \beta_i(1+q_i m_i)(a_i+\varepsilon_i) \quad i=1,2 \tag{6-6}$$

式（6-6）中，β_i 刻画了代理人的管理效率，同时它也可以解读为企业技术管理效率，这种效率会被企业市场势力、成本有效性等所影响。m_i 是本书主要关注的参数，它衡量了在职消费对代理人效率的影响效应，换言之，它刻画了在职消费对公司产出的提升效应。本章关注的是 $m_i \geqslant 0$ 的范围，即企业所提供的在职消费至少不会给代理人造成负面影响，$m_i=0$ 意味着在职消费单纯为消费品，对代理人不起激励作用。但需要特别强调的是，本章的研究结论在 $m_i<0$ 的情形下仍然成立，只要 m_i 不要太小，换句话说，我们的模型同样适用于在职消费使得代理人脱离责任并降低代理人管理效率的情形。ε_i 是干扰项，服从均值为 0，方差为 σ^2 的正态分布。

综上分析，由式（6-5）和式（6-6）可以得到关于在职消费激励效应的表达式为：

$$m_i = \frac{-1+\dfrac{1}{\beta_i(4+\gamma)(a_i+\varepsilon_i)}}{q_i} \quad i=1,2 \tag{6-7}$$

由式（6-7）可以求得产品市场竞争程度的变化对在职消费激励效应的影响，结果发现：

$$\frac{\partial m_i}{\partial \gamma} = -\frac{1}{q_i \beta_i(4+\gamma)^2(a_i+\varepsilon_i)} < 0 \quad i=1,2 \tag{6-8}$$

式（6-8）反映了在职消费对企业产出的提升效应会随着产品市场竞争的激烈程度而下降，表明在发挥公司治理效应方面，在职消费激励机制与产品市场竞争机制之间存在替代关系。

二、扩展模型——混合寡头市场结构

上文的基准模型中构建了两家纯寡头民营企业，分析发现，管理层在职消费激励机制与产品市场竞争机制之间在发挥公司治理效应时确实存在明显的替代关系。考虑到现实中混合寡头的市场结构较为普遍，因此在扩展模型中，本章同样假设产品市场上有两家寡头企业，但这两家企业有着不同的目标函数；其中，企业 1 追求利润最大化，企业 2 追求社会福利最大化，其他假设与基准模型保持一致。

考虑这两家混合寡头企业在完全信息条件下同时进行古诺产量竞争，根据式（6-2）和式（6-4），并由一阶条件，可解得两家企业的均衡产出分别为：

$$x_1' = \frac{-3+\gamma}{(-4+\gamma)(3+\gamma)}, \quad x_2' = \frac{-5+\gamma}{(-4+\gamma)(3+\gamma)} \quad (6-9)$$

由式（6-9）可以发现，在不存在代理问题的情形下，混合寡头市场上每家企业的均衡产出同样仅取决于产品市场的竞争程度，竞争越激烈，产出越小。

结合式（6-6）和式（6-9），可以得到关于混合寡头市场上每家企业内部在职消费的激励效应表达式为：

$$m_1' = \frac{-1+\dfrac{-3+\gamma}{\beta_1(-4+\gamma)(3+\gamma)(a_1+\varepsilon_1)}}{q_1} \quad (6-10)$$

$$m_2' = \frac{-1+\dfrac{-5+\gamma}{\beta_2(-4+\gamma)(3+\gamma)(a_2+\varepsilon_2)}}{q_2} \quad (6-11)$$

由式（6-10）和式（6-11），可以求得产品市场竞争程度的变化对在职消费激励效应的影响，结果发现：

$$\frac{\partial m_1'}{\partial \gamma} = -\frac{15+(-6+\gamma)\gamma}{q_1\beta_1(-4+\gamma)^2(3+\gamma)^2(a_1+\varepsilon_1)} < 0 \qquad (6-12)$$

$$\frac{\partial m_2'}{\partial \gamma} = -\frac{17+(-10+\gamma)\gamma}{q_2\beta_2(-4+\gamma)^2(3+\gamma)^2(a_2+\varepsilon_2)} < 0 \qquad (6-13)$$

式（6-12）和式（6-13）同样反映了在职消费对企业产出的提升效应会随着产品市场竞争的激烈程度而下降，表明管理层在职消费激励机制与产品市场竞争机制之间存在替代关系。

基于基准模型和扩展模型的理论分析，本章提出以下待检验的命题：

命题6-1：高管在职消费激励机制与产品市场竞争机制之间的公司治理效应存在替代关系。

第三节 实证分析

一、样本选取与数据来源

考虑到目前中国上市公司行业集中度波动较大，这种分散的行业结构使得产品市场竞争较为激烈（吴旻昊，2012），选择上市公司数据考察产品市场竞争的治理作用更具代表性。本章选择2003~2015年沪深两市A股上市公司大样本微观数据作为研究样本，并依据研究的常规操作，对原始数据进行如下筛选剔除处理：①剔除同时发行B股和H股的公司；②剔除企业业绩指标异常的公司；③剔除主要财务数据缺失的公司；④为消除极端值影响，将所有连续变量进行上下1%的Winsorize处理。

通过对上述原始样本的处理，本章总共得到18513个样本观测值。从第四章表4-3 FE估计中关于模型2的回归结果可以知道，高管在职消费与公司绩效之间的倒"U"形关系的拐点为0.4［即-2.041÷(-2.524×2) = 0.4］。这

第六章 在职消费与产品市场竞争的公司治理效应：替代还是互补

说明了当管理费用占营业收入的比例低于 0.4 时，在职消费仅表现为对公司绩效的正向提升作用，而高于 0.4 时，则表现为代理成本存在。因此，为了考察在职消费对公司绩效的激励效应，本章将样本严格界定为在职消费低于 0.4 的水平，共计样本观测值为 16025。本章使用的公司财务数据、高管在职消费和产品市场竞争的原始数据均来自 CSMAR 数据库，最终的样本数据由笔者加工整理形成。

二、计量模型设计与变量说明

本章关注的重点是：当高管在职消费发挥"效率观"的作用时，其与产品市场竞争之间对公司绩效的提升效应是否存在一定的相互性，与第五章在研究高管薪酬激励与产品市场竞争之间的相互关系时通过分组回归的研究方法不同，本章采用构建关于在职消费与产品市场竞争的交互项模型进行实证分析，通过变量相乘项的符号和显著性来判断两种机制间是否存在一定的交互关系，以及存在怎样的交互性等问题。为排除内生性的干扰，除因变量外，本章的模型中所有解释变量均进行一阶滞后处理，具体的估计模型如式（6-14）所示：

$$TobinQ_{i,t} = \alpha_0 + \alpha_1 perks_{i,t-1} + \alpha_2 lerner_{i,t-1} + \alpha_3 perks \times lerner_{i,t-1} + \alpha_4 lnsalary_{i,t-1} + \alpha_5 equity_{i,t-1} + \alpha_6 ratio_{i,t-1} + \alpha_7 dual_{i,t-1} + \alpha_8 director_{i,t-1} + \alpha_9 supervisor_{i,t-1} + \alpha_{10} size_{i,t-1} + \alpha_{11} lev_{i,t-1} + \varepsilon_{i,t} \quad (6-14)$$

式（6-14）中，本章主要关注系数 α_3 的符号和显著性水平，在 $\alpha_1 > 0$、$\alpha_2 < 0$ 并且通过显著性检验的情况下，若 α_3 显著大于 0，则意味着高管在职消费与产品市场竞争之间存在替代关系，符合命题 6-1 的理论预期。

本章的变量说明如表 6-1 所示，变量描述性统计信息如表 6-2 所示。

表 6-1 变量说明

变量	符号	变量说明与计算方法
被解释变量	TobinQ	企业托宾 Q 值：市值 A/资产总计

续表

变量	符号	变量说明与计算方法
解释变量	perks	在职消费：管理费用率（管理费用/主营业务收入）
	lerner	产品市场竞争：勒纳指数（主营业务收入−主营业务成本）/主营业务收入
	perks×lerner	在职消费与产品市场竞争的相乘项
控制变量	lnsalary	高管薪酬："薪酬最高前三名高管薪酬总额"的自然对数
	equity	第一大股东持股比例：第一大股东持股数量/公司股本总数量
	ratio	独立董事比例：独立董事数量/董事会总人数
	dual	董事长与总经理两职兼任虚拟变量，两职兼任时取1；反之取0
	director	董事会规模：以董事会总人数衡量
	supervisor	监事会规模：以监事会总人数衡量
	size	公司规模：公司资产取自然对数衡量
	lev	公司资产负债率：公司负债总计/资产总计

资料来源：笔者整理。

表6-2 变量描述性统计

变量	观察值	均值	标准差	最小值	最大值
TobinQ	16025	1.805	1.844	0.146	12.56
perks	16025	0.093	0.074	0	0.400
lerner	16025	0.070	0.217	−0.985	1.068
perks×lerner	16025	0.004	0.031	−0.387	0.417
lnsalary	15920	13.72	0.900	11.35	16.07
equity	16025	37.99	15.91	8.787	75.78
ratio	15932	0.361	0.052	0.222	0.556
dual	16025	0.142	0.349	0	1
director	15933	9.274	1.986	5	15
supervisor	16025	4.017	1.350	2	9
size	16023	21.74	1.329	18.72	26.73
lev	16021	0.475	0.226	0.019	1.473

三、实证分析与经验证据

表 6-3 报告了模型的 OLS 估计、固定效应 FE 估计以及面板工具变量 Panel-IV 估计结果①。对于面板数据而言,直接采用 OLS 估计容易导致结果不一致,同时可以看到,FE 估计与 Panel-IV 估计结果高度一致,故本章的分析以 FE 估计为主。

表 6-3　模型回归结果

因变量:TobinQ	(1) OLS 估计	(2) FE 估计	(3) Panel-IV 估计
l.perks	0.031**	0.023*	0.027***
	(0.014)	(0.014)	(0.009)
l.lerner	0.753***	-0.326**	-0.289***
	(0.089)	(0.151)	(0.108)
l.perks×lerner	-0.892***	0.575**	0.706***
	(0.227)	(0.266)	(0.211)
l.lnsalary	0.340***	0.365***	0.487***
	(0.018)	(0.035)	(0.042)
l.equity	-0.001*	-0.020***	-0.017***
	(0.001)	(0.002)	(0.002)
l.ratio	2.615***	0.945**	0.406
	(0.295)	(0.376)	(0.348)
l.dual	0.280***	0.163**	0.163***
	(0.046)	(0.068)	(0.050)
l.director	-0.020***	-0.062***	-0.051***
	(0.007)	(0.016)	(0.013)

---

①　考虑到产品市场竞争可能与因变量之间存在内生性,本章同时进行异方差稳健的 DWH 检验和稳健的内生性检验,结果显示,Durbin 检验的 $\chi^2(1)$ 统计量为 0.352,其 p 值为 0.5529,Wu-Hausman 检验的 $\chi^2(1)$ 统计量为 0.351,其 p 值为 0.5531,充分表明产品市场竞争变量 lerner 与被解释变量 TobinQ 之间并不存在明显的内生性。

续表

因变量：TobinQ	（1）OLS 估计	（2）FE 估计	（3）Panel-IV 估计
l. supervisor	−0.020** (0.009)	−0.060** (0.029)	−0.025 (0.023)
l. size	−0.613*** (0.019)	−0.617*** (0.042)	−0.785*** (0.034)
l. lev	−0.776*** (0.112)	0.249 (0.161)	0.569*** (0.102)
_cons	10.062*** (0.274)	11.250*** (0.722)	12.951*** (0.525)
Industry	控制	控制	控制
Company	控制	控制	控制
N	13581	13581	11845
R^2	0.229	0.079	0.284

注：***、**、*分别表示在1%、5%、10%的统计水平上显著；小括号内为稳健标准误，以消除截面异方差；变量前的"l"表示滞后一阶；Panel-IV估计中选择高管薪酬的二阶滞后变量作为一阶变量的工具变量；以下同。

从回归（2）来看，高管在职消费变量perks的回归系数为0.023，并且在10%的统计水平上显著，表明在职消费这种隐性激励有助于提升公司绩效，发挥着"效率观"的作用；产品市场竞争的反向变量lerner的回归系数显著为负，意味着产品市场竞争越激烈越有助于发挥其治理效应，提升公司绩效，这与第五章的研究结论一致；高管在职消费与产品市场竞争的相乘项（perks×lerner）的回归系数显著为正，表明随着产品市场竞争激烈程度的提高，高管在职消费对公司绩效的提升效应逐渐降低，这反映了高管在职消费与产品市场竞争这两种机制在发挥公司治理效应时彼此间存在显著的替代关系，符合命题6-1的理论预期。由于控制变量不是主要的研究重点，这里不对其回归结果进行详细阐述。

为验证上文基于全样本的研究结论对于任意企业是否成立，接下来，本章基于企业特征对全样本进行划分并进行重复估计。考虑到高管货币薪酬激励与产品市场竞争之间在公司治理效应方面存在显著的互补性，高管在职消费与货

第六章 在职消费与产品市场竞争的公司治理效应：替代还是互补

币薪酬之间也存在一定的替代效应。因此，本章首先将全样本划分为低薪酬组和高薪酬组，考察在不同的薪酬区间，高管在职消费与产品市场竞争之间的替代性是否依然成立。

表 6-4 报告了基于货币薪酬的分组回归结果。可以看到，在低薪酬组中，高管在职消费发挥着明显的激励作用，而在高薪酬组中，这种激励效应并不明显，该结果验证了高管货币薪酬显性激励与在职消费隐性激励之间的替代性；对于低薪酬企业而言，外部市场竞争机制对公司绩效的提升效应更明显；高管在职消费与产品市场竞争之间的替代性仅在低薪酬组中存在，表现在两者相乘项的回归系数符号为正，并且通过显著性水平检验。

表 6-4 基于货币薪酬的分组回归结果

因变量：TobinQ	低薪酬组		高薪酬组	
	（1） FE 估计	（2） Panel-IV 估计	（3） FE 估计	（4） Panel-IV 估计
l. perks	0.070*** (0.025)	0.075*** (0.017)	-0.012 (0.011)	-0.009 (0.011)
l. lerner	-0.588** (0.263)	0.629*** (0.199)	-0.157 (0.165)	-0.024 (0.130)
l. perks×lerner	1.439*** (0.449)	1.783*** (0.363)	0.113 (0.299)	-0.053 (0.269)
_cons	13.973*** (1.522)	14.509*** (1.253)	11.608*** (0.930)	13.477*** (0.773)
控制变量	控制	控制	控制	控制
Industry	控制	控制	控制	控制
Company	控制	控制	控制	控制
N	6385	5246	7153	6569
R^2	0.103	0.269	0.039	0.260

考虑到公司规模大小会显著影响公司的自由现金流，而高管在职消费水平与公司的现金流大小息息相关，据此，本章基于公司规模划分子样本进行检

验。表 6-5 报告了基于公司规模的分组回归结果。从 FE 估计结果看，高管在职消费对于小企业而言更能发挥激励效应，其回归系数为 0.053，并且在 5% 的统计水平上显著；同样地，产品市场竞争对小规模企业而言其监督治理作用更明显；与此同时，高管在职消费与产品市场竞争的相乘项（perks×lerner）的回归系数显著为正，表明两种机制之间存在明显的替代效应，该结论在控制内生性问题后依然成立，充分表明在职消费与产品市场竞争之间的替代关系仅存在于小规模企业中。

表 6-5 基于公司规模的分组回归结果

因变量：TobinQ	小企业组		大企业组	
	（1）FE 估计	（2）Panel-IV 估计	（3）FE 估计	（4）Panel-IV 估计
l. perks	0.053**	0.055***	−0.017	−0.018*
	(0.021)	(0.016)	(0.012)	(0.009)
l. lerner	−1.297***	−1.191***	0.289**	0.269***
	(0.305)	(0.221)	(0.137)	(0.094)
l. perks×lerner	2.226***	2.315***	−0.546**	−0.480**
	(0.498)	(0.396)	(0.244)	(0.203)
_cons	10.591***	14.784***	10.239***	11.360***
	(2.009)	(1.456)	(0.702)	(0.532)
控制变量	控制	控制	控制	控制
Industry	控制	控制	控制	控制
Company	控制	控制	控制	控制
N	6975	5741	6606	6104
R^2	0.110	0.293	0.079	0.132

四、稳健性检验

关键变量的选取和样本的选择均会对研究结论的稳健性产生一定的影响，

第六章 在职消费与产品市场竞争的公司治理效应：替代还是互补

为此本章进行如下稳健性检验。

（一）替换在职消费指标

本章采用管理费用与主营业务收入的比率近似衡量在职消费，在稳健性检验部分主要借鉴 Singh 和 Davidson（2003）、树友林（2011）的做法，采用销售管理费用占主营业务收入的比重构造变量 perks_new 作为高管在职消费的替代变量，该比率越大，表明在职消费水平越高。

（二）替换产品市场竞争指标

本章采用勒纳指数刻画产品市场竞争程度，在稳健性检验部分主要借鉴姜付秀等（2008）、张樱（2017）等的做法，选择营业利润率（Competition）作为产品市场竞争的替代变量，该指标是竞争程度的反向指标，其值越大，表明市场竞争越不激烈。

（三）替换企业业绩指标

本章采用市场化指标托宾 Q 值衡量公司绩效，在稳健性检验部分则采用市盈率 PE_ratio 来刻画公司的绩效情况，市盈率越高，表明投资者越看好该公司的发展前景，公司的盈利能力越强。

（四）改变极端值的处理方式

为了避免异常值对回归结果的影响，上文将所有连续变量都进行了上下1%的缩尾处理，作为稳健性检验，本章进一步强化对极端值的处理，将模型中的所有连续变量都在2%和98%的分位水平进行 Winsorize 处理。

（五）剔除 2006 年和 2008 年两个年度的样本

考虑到本章的样本区间为 2003~2015 年，在该区间内存在股灾（2006年）、金融危机（2008年）等事件，这些外部事件会导致样本数据中存在较多的极端值和不合理的数据，为保证数据的稳定性，本章剔除了 2006 年和 2008

年两个年度的数据。

表6-6报告了稳健性检验的FE估计结果。可以看到,在一系列稳健性测试中,在职消费变量的回归系数均显著为正,产品市场竞争变量的回归系数均显著为负,与此同时,在职消费与产品市场竞争的相乘项的回归系数均显著为正,意味着在职消费与产品市场竞争两种内外机制对公司绩效的提升效应存在明显的替代关系,表明前文的回归结论是相对稳健的。

表6-6 稳健性检验回归结果

	因变量:TobinQ (1)	因变量:TobinQ (2)	因变量:PE_ratio (3)	因变量:TobinQ (4)	因变量:TobinQ (5)
l.perks		0.033*** (0.012)	10.398** (4.905)		0.184*** (0.038)
l.perks_new	0.175*** (0.037)				
l.perks_w				0.262*** (0.087)	
l.lerner	-0.171* (0.092)		-48.713*** (9.163)		-0.213** (0.099)
l.competition		-0.007* (0.004)			
l.lerner_w				-0.191** (0.095)	
l.perks_new×lerner	0.178*** (0.037)				
l.perks×competition		0.001* (0.001)			
l.perks×lerner			10.782** (5.131)		0.175*** (0.040)
l.perks_w×lerner				0.257*** (0.094)	
_cons	12.285*** (0.812)	12.538*** (0.781)	160.900*** (60.999)	11.306*** (0.657)	12.808*** (0.786)

续表

	因变量:TobinQ	因变量:TobinQ	因变量:PE_ratio	因变量:TobinQ	因变量:TobinQ
	(1)	(2)	(3)	(4)	(5)
控制变量	控制	控制	控制	控制	控制
Industry	控制	控制	控制	控制	控制
Company	控制	控制	控制	控制	控制
N	14636	14823	14815	15326	13684
R^2	0.098	0.096	0.010	0.097	0.090

第四节 进一步研究：基于产权性质的视角

沿袭第四章和第五章的研究，本节将基于产权性质的视角探讨中国上市公司高管在职消费与产品市场竞争之间的公司治理效应的相互关系。第四章的研究发现，只有国有企业的高管在职消费与企业绩效的倒"U"形非线性关系成立，并且拐点为0.6［即-1.968÷(-1.621×2) = 0.6］，而民营企业在职消费只呈现递增的线性关系。考虑到本章的全样本已界定为 perks<0.4，故在本节的回归中，国有企业的样本仍界定为 perks<0.4，而对于民营企业，则不加以限制。

表6-7报告了国有企业和民营企业两个子样本的 FE 估计和 Panel-IV 估计结果，可以看到，国有企业和民营企业中高管在职消费对公司绩效均存在显著的提升效应，并且这种激励效应在国有企业中更明显；而产品市场竞争仅对民营企业的公司绩效存在显著的提升作用，其对国有企业的作用并不明显；此外，四组回归的结果显示，高管在职消费与产品市场竞争之间相乘项的回归系数均为正，表明高管在职消费与产品市场竞争这两种公司治理机制对于公司绩效的提升效应之间存在明显的替代关系。

表 6-7 基于产权性质差异的回归结果

因变量：TobinQ	国有企业		民营企业	
	(1)	(2)	(3)	(4)
	FE 估计	Panel-IV 估计	FE 估计	Panel-IV 估计
l.perks	0.532***	0.074	0.169***	0.155**
	(0.166)	(0.105)	(0.042)	(0.061)
l.lerner	0.476***	−0.014	−0.329**	−0.207*
	(0.093)	(0.090)	(0.152)	(0.121)
l.perks×lerner	0.492***	0.073	0.168***	0.158**
	(0.169)	(0.108)	(0.044)	(0.063)
l.lnsalary	0.121***	0.363***	0.404***	0.637***
	(0.021)	(0.053)	(0.073)	(0.093)
l.equity	0.004***	−0.016***	−0.022***	−0.019***
	(0.001)	(0.002)	(0.004)	(0.004)
l.ratio	0.591**	−0.247	2.831***	1.623**
	(0.270)	(0.384)	(0.806)	(0.750)
l.dual	−0.002	0.173***	0.275**	0.230**
	(0.050)	(0.062)	(0.124)	(0.093)
l.director	0.007	−0.032**	−0.123***	−0.111***
	(0.006)	(0.013)	(0.032)	(0.029)
l.supervisor	0.011	−0.024	0.018	0.052
	(0.008)	(0.024)	(0.068)	(0.056)
l.size	−0.463***	−0.665***	−0.656***	−0.901***
	(0.023)	(0.039)	(0.081)	(0.071)
l.lev	−0.648***	0.210*	0.160	0.359**
	(0.130)	(0.122)	(0.269)	(0.179)
_cons	9.126***	12.279***	11.299***	13.403***
	(0.407)	(0.721)	(1.452)	(1.110)
Industry	控制	控制	控制	控制
Company	控制	控制	控制	控制
N	7959	7062	6055	5165
R^2	0.407	0.218	0.075	0.326

表 6-8 报告了国有企业和民营企业两个子样本替换在职消费变量的稳健性估计结果。可以看到,在采用变量 perks_new 作为高管在职消费的替代变量进行重新回归后,基本结果并未发生重大改变。具体而言,回归(1)和回归(3)的 FE 估计结果均显示,变量 perks_new 的回归系数仍然显著为正,产品市场竞争变量 lerner 的回归系数显著为负,两者的交互项(perks_new×lerner)依然显著为正,印证了高管在职消费与产品市场竞争对公司绩效的治理效应存在明显的替代效应,并且从整体上可以认为,这两种治理机制之间的替代效应在国有企业和民营企业中均存在。

表 6-8 替换在职消费变量的稳健性回归结果

因变量:TobinQ	国有企业		民营企业	
	(1) FE 估计	(2) Panel-IV 估计	(3) FE 估计	(4) Panel-IV 估计
l. perks_new	0.142** (0.055)	0.122* (0.074)	0.175*** (0.050)	0.158*** (0.057)
l. lerner	-0.189* (0.106)	-0.167** (0.071)	-0.414*** (0.135)	-0.255** (0.104)
l. perks_new×lerner	0.144** (0.056)	0.124* (0.075)	0.178*** (0.051)	0.161*** (0.058)
_cons	11.099*** (0.890)	12.007*** (0.604)	11.309*** (1.474)	13.405*** (1.127)
控制变量	控制	控制	控制	控制
Industry	控制	控制	控制	控制
Company	控制	控制	控制	控制
N	8381	7460	6073	5183
R^2	0.091	0.229	0.077	0.342

表 6-9 报告了国有企业和民营企业两个子样本剔除 2006 年和 2008 年两个年度样本的稳健性估计结果。可以看到,在剔除外部事件影响后,国有企业和民营企业两个子样本的回归结果与表 6-7 高度一致。高管在职消费和外部市

场竞争均能显著提升公司绩效,并且这两种机制间存在明显的替代关系。

表 6-9 剔除 2006 年和 2008 年样本的稳健性回归结果

因变量：TobinQ	国有企业	民营企业
	(1) FE 估计	(2) FE 估计
l. perks	0.124**	0.157***
	(0.065)	(0.041)
l. lerner	-0.066	-0.399***
	(0.109)	(0.134)
l. perks×lerner	0.126**	0.158***
	(0.066)	(0.041)
_cons	12.886***	12.095***
	(1.077)	(1.555)
控制变量	控制	控制
Industry	控制	控制
Company	控制	控制
N	6647	5296
R^2	0.098	0.068

第五节 影响机理分析

本章通过理论和实证研究发现产品市场竞争与高管在职消费的公司治理效应之间存在明显的替代关系,因此,本节接下来在论述两种机制间的替代机理时仅考虑在职消费发挥"效率观"的作用。

在等级社会语境下,在职消费是合乎伦理道德的。企业等级制度下的在职消费是高管在企业内部的声望和地位的象征,彰显着高管的控制权和职位优势,其有助于提升高管的自我认同感,同时也有利于推动高管更加努力工作,

第六章 在职消费与产品市场竞争的公司治理效应：替代还是互补

以提升企业绩效，进而体现高管的工作能力和提升其业内声誉。此外，在职消费还会起到一定的标杆作用，其有助于激励下属为获取优厚待遇而积极工作，从而达到推动整个企业经营管理效率得到有效提升的目的。

结合第五章的影响机理分析中关于产品市场竞争机制的公司治理效应的阐述，本章认为，产品市场竞争机制与高管在职消费关于公司治理效应之间的替代机理可以总结为三个效应，分别是信息冲突效应、市场掠夺风险效应以及竞争淘汰效应。

（1）信息冲突效应。基于代理理论，为缓解或消除管理层与股东之间的信息不对称问题，在无法确切了解管理层努力程度的情况下，除了签订货币薪酬的激励契约后，通过向管理层提供优沃的工作环境、配套高级的设施等措施均可以有效地激发管理层的工作热情。从股东的角度看，这种做法可以降低与管理层之间的代理成本，增加公司价值；从管理层的角度看，为了享受更多的在职消费，凸显其职位优势，他们会积极努力工作以提升公司绩效。因此，在职消费作为一种隐性激励，有助于推动股东与管理层的利益趋向一致。然而，市场竞争独有的信息传递功能有助于帮助委托人了解管理层的努力程度，并且竞争越激烈，信息质量就越高，这极大地提高了管理者进行非效率投资的风险和成本，有效强化了对经理人的约束。因此，在保证一定的货币薪酬激励的条件下，处于市场竞争较激烈环境中的委托人可以选择减少提供在职消费，因为此时的在职消费激励效果并不明显。

（2）市场掠夺风险效应。产品市场竞争具有两面性，其既作为公司一种外部治理机制，有效制约着管理层的行为，影响委托人与代理人、内部控股股东与中小股东等之间代理成本的大小；与此同时，其亦作为一种市场行为机制，会诱导企业抢占市场份额、掠夺定价、进入威胁等，直接影响公司的财务状况。一方面，由于中国目前正处于转轨经济中，相关市场化管理制度尚不完善，产品市场竞争越激烈越可能导致企业经营不善，提高企业破产的可能性，这会直接降低企业的自由现金流量，此时公司所能提供的在职消费亦会大幅减少。另一方面，在公司因外部市场竞争压力而遭遇财务困境或破产清算威胁时，管理层为自身声誉、业内评价以及其职业生涯考虑，会主动提高其工作积极性，此时在职消费对其激励作用相对较小。综上所述，产品市场竞争机制所拥有的市场掠夺风险作用会使其公司治理功能与在职消费隐性激励之间存在替代关系。

（3）竞争淘汰效应。一方面，激烈的市场竞争环境会加大公司面临竞争力下降的风险，一旦公司的比较优势不存在，其极容易被市场所淘汰，其管理者亦面临着被解职的威胁。另一方面，竞争环境越激烈，意味着该行业的经理人市场同样面临着较大的竞争压力，根据管理技术假说，经理人的经营能力和技术知识对处于竞争程度较高行业内的企业而言非常重要，企业间的竞争部分来自企业代理人之间的竞争。因此，能力较弱的经理人更容易被市场所淘汰，换言之，产品市场竞争的约束使竞争程度较高的行业内，公司代理人相较于竞争程度较低的行业内的代理人而言可能受到更多的解聘威胁。上述两方面原因所导致的失业威胁会激发管理者的工作热情，推动管理者积极、主动发挥其经营才能，以提高公司的竞争水平和自身的竞争优势，此时在职消费的激励作用相对较弱。总之，产品市场竞争越激烈，在职消费对公司绩效的提升效应越弱，两者表现为替代关系。

第六节 本章小结

首先，本章扩展了 Marino 和 Zábojník（2008）的研究，将产品市场竞争引入管理层在职消费问题的理论框架中，旨在探讨在职消费激励机制与产品市场竞争机制之间关于公司治理效应的相互关系。通过构建纯寡头市场的基准模型和混合寡头市场的扩展模型的理论分析发现，管理层在职消费激励与产品市场竞争机制在发挥公司治理效应时确实存在明显的替代关系。进而，本章利用2003~2015年中国上市公司数据并构建连续型交互项计量模型对理论命题进行实证检验，结果表明，高管在职消费与产品市场竞争均能有效促进公司绩效的提升，并且这两种机制之间的公司治理效应存在明显的替代关系。上述研究结

第六章 在职消费与产品市场竞争的公司治理效应：替代还是互补

论在替换关键变量后依然成立。

其次，为验证全样本的研究结论对于任意企业是否成立，本章同时考察薪酬区间和公司规模可能产生的影响，研究发现：高管在职消费与产品市场竞争之间的替代性仅存在于低薪酬企业和小规模企业中。

再次，基于产权差异视角探讨了高管在职消费与产品市场竞争这两种公司治理机制之间的交互性，结果显示，高管在职消费与产品市场竞争之间的公司治理效应存在明显的替代性，并且这种替代性在国有企业和民营企业中均存在，该结论在替换在职消费变量和剔除外部事件影响后依然稳健。

最后，通过理论分析，本章发现产品市场竞争机制主要通过信息冲突效应、市场掠夺风险效应以及竞争淘汰效应三个路径弱化高管在职消费的激励作用。

综上所述，本章的研究厘清了高管在职消费隐性激励与公司外部市场竞争机制之间的相互关系，为进一步完善公司治理提供了理论和经验证据，也为公司更好地设计内部治理框架提供了经验启示。

第七章 研究结论与政策建议

第一节 研究结论

本书立足于中国薪酬制度改革的现实背景,首先对上市公司高管薪酬和在职消费的现状进行描述性统计分析,分析结果显示,目前中国上市公司存在高管—员工薪酬差距不断扩大、国有企业和民营企业高管薪酬存在显著差异、高管薪酬行业差异较为明显、异质性企业高管薪酬差距较大、薪酬激励以短期货币激励为主、高管薪酬与企业绩效脱钩、国有企业和民营企业高管在职消费差异明显、高管在职消费激励效率低下、高管在职消费透明度低、高管在职消费缺乏监督和约束等问题。进而,本书利用2003~2015年中国沪深两市A股非金融类上市公司的大样本微观数据,基于产品市场竞争和产权性质双重视角并从多个维度实证研究了中国上市公司高管薪酬与在职消费的公司治理效应。

本章主要对上文的研究进行归纳总结并概括出本书的主要研究结论,同时在研究结论的基础上提出相应的政策启示,最后分析本书中存在的不足并对未来研究进行展望。

高管薪酬与在职消费的公司治理效应研究

一、高管薪酬与在职消费的公司治理效应

基于理论分析和大样本数据实证分析,本书关于高管薪酬与在职消费的公司治理效应的研究发现:

(1) 高管薪酬激励对公司绩效有显著的单边提升效应,而高管在职消费与公司绩效之间存在显著的倒"U"形关系,表明适度范围内的高管在职消费先呈现出一定的"效率观",超出一定范围内的在职消费则呈现出"代理观",意味着在职消费"效率观"与"代理观"之间存在逻辑一致性。

(2) 高管薪酬激励与在职消费之间存在明显的替代关系。与此同时,高管薪酬激励对公司绩效的正向提升效应不受企业产权性质差异的影响,但是相较于国有企业而言,民营企业的高管薪酬激励对公司绩效的边际提升效应较大。

(3) 国有企业高管在职消费与公司绩效之间呈现倒"U"形特征,而民营企业高管在职消费与公司绩效之间只呈现单纯递增的线性特征,表明民营企业的高管在职消费主要发挥"效率观"的一面;上述研究结论受到企业异质性的影响。

二、高管薪酬与产品市场竞争的公司治理效应:互补性

基于委托—代理理论和最优契约理论构建简单的理论模型分析高管薪酬激励与产品市场竞争之间可能存在的相互关系,进而采用2003~2015年中国上市公司的大样本数据对理论命题进行实证检验,得到以下研究结论:

(1) 理论推导结果表明,高管薪酬激励与产品市场竞争的公司治理效应之间既可能存在替代关系,也可能存在互补关系,关键取决于高管绩效薪酬契约的设计类型。具体而言,根据业绩导向所制定的高管绩效薪酬契约中,若仅采用本企业绩效作为制定高管薪酬的标准,或者当本企业的高管绩效薪酬对竞争企业绩效的敏感性为正时,产品市场竞争与高管薪酬激励两种机制之间的公

司治理效应表现为替代效应；而当本企业的高管绩效薪酬对竞争企业绩效的敏感性为负，且该负比重明显大于对本企业绩效的敏感性时，产品市场竞争与高管薪酬激励两种机制之间的公司治理效应表现为互补效应。

（2）实证检验结果表明，在中国的转型经济背景下，高管薪酬激励和产品市场竞争机制都显著提升了公司绩效，并且产品市场竞争激烈程度可以显著提升高管薪酬对公司绩效的正向促进作用，表明两种机制间存在互补关系；并且该结论在经过替换主要变量、替换估计方法、剔除"限薪令"等外部政策、剔除金融危机事件、构建交互项模型等一系列稳健性检验中依然成立。

（3）国有企业和民营企业两个样本中高管薪酬对公司绩效的边际提升效应均随着产品市场竞争激烈程度的扩大而提高，表明公司内部高管薪酬激励与外部产品市场竞争这两种机制间的公司治理效应的互补性不受企业产权性质的影响。

（4）产品市场竞争机制主要通过能力甄别效应、业绩激励效应以及声誉刺激效应三个路径强化高管薪酬的激励作用。

二、在职消费与产品市场竞争的公司治理效应：替代性

借鉴 Marino 和 Zábojník（2008）的研究，本书将管理层在职消费问题引入委托—代理框架中，从理论上探讨产品市场竞争与高管在职消费之间关于公司治理效应的相互关系，进而选择 2003~2015 年中国上市公司大样本数据并构建连续型交互项计量模型进行实证检验，得到以下研究结论：

（1）理论分析表明，无论是纯寡头市场结构还是混合寡头市场结构，高管在职消费与产品市场竞争的公司治理效应之间均存在相互替代的关系。

（2）实证分析表明，高管在职消费与产品市场竞争均能有效促进公司绩效的提升，并且这两种机制之间的公司治理效应存在明显的替代关系，该研究结论在替换关键变量后依然成立。进一步地，基于高管薪酬和公司规模的分组回归结果显示，高管在职消费与产品市场竞争两种机制之间关于公司治理效应的替代性仅存在于低薪酬企业和小规模企业中。

(3) 高管在职消费与产品市场竞争之间关于公司治理效应的替代性在国有企业和民营企业中均存在，并且该结论在替换在职消费变量和剔除外部事件样本的稳健性测试后依然稳健，表明高管在职消费与产品市场竞争两种治理机制间的替代效应不受企业产权性质的影响。

(4) 产品市场竞争机制主要通过信息冲突效应、市场掠夺风险效应以及竞争淘汰效应三个路径弱化高管在职消费的激励作用。

第二节 政策建议

综合上述研究结论，本书分别从政府和企业两个层面提出相关的政策建议。

一、政府层面

在中国，地方政府与企业行为、经济活动、市场竞争等总是联系在一起。在市场经济背景下，政府以市场机制为基础，综合运用各种宏观和微观政策来引导企业和市场行为，从宏观调控的角度看，政府主要发挥着导向性和补偿性的作用，有助于推动市场经济健康发展。对此，提出以下建议。

（一）切实转变职能，放权还权，减少对企业的行政干预

本书的研究结论反映了中国政府应该厘清国有企业的市场主体地位，通过高管市场化薪酬改革倒逼完善国有企业的现代企业制度；与此同时，政府要简政放权，把该企业行使的权力放给企业，减少国有企业的政策性负担，增强企业作为独立市场主体的活力和竞争力。而对于民营企业，政府需加大对中小民营企业的扶持力度，通过建立公平竞争审查制度、鼓励招商引资、放宽市场准入等措施引导民营企业发展，保障非公有制经济实现与公有制经济一样，平等参与市场竞争。

第七章 研究结论与政策建议

（二）规范上市公司高管薪酬和在职消费的信息披露制度

中国上市公司高管薪酬结构、在职消费水平等信息都未强制披露，导致激励效率低下和激励扭曲等问题。据此，证券监管部门首先要推动公司信息披露法规的进一步完善，健全公司会计信息披露的规范体系，控制信息披露成本，加强对上市公司信息披露内容和受众的监督，最重要的是，要鼓励上市公司提高自愿披露信息的水平。

（三）建立健全官员政绩考核机制，形成行政问责制度体系

在过去，上级政府普遍采用将地方官员的政治升迁与当地的GDP增长相挂钩的相对业绩评价机制来评估地方官员的政绩情况，在这种激励政策下，地方官员为了推动经济增长，通过政策倾斜或者其他优惠措施支持和鼓励企业进行高强度的研发投入，导致在经济增长的同时伴随着严重的行业产能过剩。对此，在中国进入经济"新常态"阶段后，政府要切实改革地方政府官员的考核机制，建立科学有效的一系列经济、社会、政治等指标来综合约束政府的施政行为，促进地方政府致力于为企业生产经营提供良好的外部市场环境，尤其是要使"问责制"成为一种常态，才能真正约束官员的行为，确保地方官员尽职尽责。

（四）促进市场公平和有效竞争，维护市场正常秩序

本书的研究表明，产品市场竞争作为公司一种外部治理机制，能够提升公司绩效，其政策含义在于政府应当致力于促进市场公平和有效竞争，维护市场的正常秩序，从立法、制度建设以及政策规范几个维度来解决行业反垄断问题。具体而言，政府首先可以从市场准入制度、行政审批、行业垄断、市场退出机制等方面适度放宽市场准入；其次通过强化企业经营者的主体责任、强化依据标准监管、严厉打击行业垄断和企业不正当竞争行为、强化对市场行为的风险管理、运用信息网络技术对市场行为实施即时监控等手段达到强化对市场行为的监管；最后在政府的监管过程中同样要加强社会监督机制建设，鼓励行业协会、市场专业化服务组织、公众和舆论等发挥相应的监督作用。

二、企业层面

基于第三章的现状研究发现,目前中国上市公司的高管薪酬与在职消费仍然存在诸多问题,包括薪酬差距扩大、激励方式单一、信息披露不全等。因此,本书首先从全样本的角度提出了相关建议。此外,由于产权差异,不同类型公司的管理规范存在较大区别,公司内部高管薪酬与在职消费亦呈现出不同的现状特征,因此,本书也分别根据国有企业和民营企业的性质差异和经营特征提出更具针对性的政策建议。

(一) 全样本企业

1. 完善薪酬契约设计,推行"完全市场化"的薪酬契约

上市公司应该致力于高管薪酬契约的有效设计,不仅要确保高管绩效薪酬与本公司绩效紧密挂钩,更应该实现其与行业内其他竞争公司的绩效挂钩,推行"完全市场化"的薪酬合同,与此同时,还应该推动薪酬契约中的短期激励与长期激励相兼顾、保证高管薪酬增长与普通职工工资增长相协调等。

2. 市场竞争机制建设与薪酬制度建设并重

本书的研究发现,产品市场竞争与高管薪酬激励之间存在显著的互补关系,两者互为补充地作用于公司绩效的提升,这表明处于竞争激烈程度越高的行业或企业内,董事会或薪酬委员会应该向其高管提供更高的薪酬激励,以强化激励效果。此外,市场竞争越激烈,两种治理机制的合力对于提高公司绩效的边际效率越高,并且这种效果不受企业产权差异的影响,这意味着,上市公司在加强内部高管薪酬制度建设的同时,应当强化和完善公司外部市场竞争机制的建设,以发挥两种机制的协同作用。

3. 建立健全职务消费管理制度

本书的研究表明,高管在职消费既能提升公司绩效,也能降低公司绩效,关键在于从"量"上有效把握在职消费水平。对此,公司应该着重规范高管在职消费水平,建立健全职务消费管理制度,强化监督和约束机制,以提高在职消费的激励效率。

(二) 国有企业

国有企业特殊的产权性质使其面临着更加严峻的代理问题，企业内部"所有者缺位""内部人控制""一言堂"等现象层出不穷，为切实提升国有企业的公司治理情况，提出以下建议：

1. 推动"行政任命型"高管向"市场选聘型"职业经理人转变

在现有的国企管理体制下，国有企业高管不仅是市场环境下的企业管理者，还是权力序列中的行政官员，其身份的特殊性使其享受着市场与行政的双重激励体系，导致高价薪酬的现象。根据中共十八届三中全会的文件精神"健全法人治理结构，建立职业经理人制度，更好地发挥企业家作用"，国企高管应该"去行政化"，企业应该加速建立符合市场运行规律的高管选拔机制，促使"行政任命型"高管向"市场选聘型"职业经理人转变。需要特别注意的是，国有企业原来的高管非常容易通过"身份转换"，跳出体制变身为职业经理人，因此，要避免"体内循环"。通过对国有企业高管薪酬进行市场化改革，可以建立起比较好的激励机制，真正提升国有企业的效率和竞争力。

2. 建立"优胜劣汰"选拔机制，完善考核与追责制度

纵观国有企业40年的改革历程，国有企业高管的高薪酬与高职务消费，最大的原因在于没有明确的支出约束和淘汰机制，行政与市场两套激励机制扭曲了公平的要义，这意味着用人机制市场化、去行政化才能让国有企业真正回归企业属性。选拔管理企业人才的标准应该是经营能力和专业素养，而不是行政级别，并且根据实际的业绩对职业经理人制定专门的淘汰机制，只有让经理人承担市场风险，才能起到真正的激励和约束作用。

3. 推行和完善高管薪酬递延支付政策

作为激励和约束机制中的重要组成部分，高管薪酬兑现制度[①]的完善将有

---

① 2009年9月16日，国务院六部委联合发布《关于进一步规范央企负责人薪酬管理的指导意见》，明确要求"央企负责人的基本年薪按月支付，但绩效年薪按照先考核后兑现的原则，根据年度经营业绩考核结果，由企业一次性提取，分期兑现"。

助于保证激励的有效性和持久性,这推动了薪酬支付方式的不断创新和发展。近年来,递延支付方式作为一种新的支付策略开始出现,它的作用机理在于:公司董事会或者薪酬委员会根据预测的未来若干年内公司的绩效情况,来决定前期是否给管理层发放薪酬、发放的额度以及发放的时间进度等。相对而言,薪酬递延支付方式可以有效约束管理者的"短视"行为,激励管理者基于企业长期利益和长远发展去做决策,降低非效率投资的概率,进一步降低了企业未来经营风险;与此同时,由于高管部分绩效薪酬被公司长期锁定,因此可以保证高管留在企业持续工作。

(三) 民营企业

与国有企业相比,民营企业始终在市场竞争中成长,缺乏行政约束,使其更富创新力和经营活力,根据其管理效率和发展定位,提出以下建议:

1. 建立有效的制衡机制

民营企业的董事会或监事会往往因自身的规模或结构问题,在公司治理中有时不能有效地发挥作用,形同虚设问题相当严重。然而,不能因此便取消或者否定董事会和监事会的治理功能,而应当继续强化董事会和监事会的监管作用,通过分散股权,改变"一股独大"的畸形股权结构并建立真正科学有效的制衡机制和与公司内部治理结构相适应的公司外部治理机制。同时,本书的研究发现,民营企业高管在职消费仅发挥"效率观"的作用,表明民营企业高管的在职消费水平暂时处于适度范围内,对此,公司应该把在职消费纳入公司治理框架内,明确将对管理层在职消费的监督作为以董事会为主的监督主体的公司治理机制的一项重要内容,加强对高管人员在职消费的约束。

2. 健全职业经理人的市场竞争机制,避免内部治理过分亲缘化

民营上市公司的实际控制人具有一定的权威,公司内部高管人员或执行董事一般采用亲缘化人事安排,使得管理者权力高度膨胀,并且管理者与控股股东的利益关系太过紧密。对此,建议公司内部通过明文规定限制一定血缘范围内的亲属任职高管,与此同时,民营企业应该率先形成职业经理人市场,建立职业经理人约束制度,通过市场化选聘的方式产生公司的管理者,既可以通过

职业经理人的市场竞争机制约束经理人的行为，也可防范经理人的权力膨胀。

3. 推进以董事会或薪酬委员会独立性为核心的制度建设

董事会或薪酬委员会作为高管薪酬契约的主要制定者，保持其独立性有助于避免管理层利用权力进行寻租或自定薪酬的行为，因此，需要通过利益激励和责任约束机制等保证董事会或薪酬委员会的独立性，以提高其运作效率。据此，可以在董事会下设置薪酬制定与考核委员会、审计委员会、提名委员会等部门，并且保证各委员会中存在一定数量的独立董事，各委员会之间既各司其职又相互影响，通过推行这种委员会制，使董事之间形成监督和制衡，可以有效保证各委员会的独立性。

第三节 研究不足与未来研究展望

一、研究不足

本书首先讨论了中国上市公司高管薪酬与在职消费的公司治理效应，厘清了高管在职消费的"代理观"和"效率观"，而且从产品市场竞争的视角检验了高管薪酬、在职消费与产品市场竞争的公司治理效应之间的相互关系，得出的研究结论是对现有文献的有益补充，但局限于笔者的研究水平和现实情况，本书的研究仍然存在较多需要改进和深入研究之处，具体体现在以下几个方面。

（一）样本对象的选取

本书的样本局限于沪深两市 A 股非金融类上市公司，对金融类、中小板、创业板等上市公司均未作考虑，而金融类公司的治理机制、资本结构、监督管理、行业特点、产品类别等方面与一般实体企业有显著区别，因此一般的公司治理理论对于商业银行不一定完全适用。此外，本书同样没有涉及未上市的公司，而这些公司在公司治理、高管薪酬设计等方面还比较欠缺，急需更多的理论和实践的支持，因此，从研究对象的角度看，本书还需要进行更广泛的研究。

（二）研究视角的选取

本书主要基于产品市场竞争和产权性质双重视角探讨高管货币薪酬与在职消费的公司治理效应，但在分析中未考虑政府管制、地区市场化进程等因素的影响，分析视角还有待更深层次的探索。

（三）研究内容的设计

高管薪酬激励的内容包括显性激励和隐性激励，其中，显性激励包括货币薪酬、奖金、长期股权激励计划、股票期权等，而隐性激励包括在职消费、晋升、职业激励等。受限于数据可获得性，本书对其他的股权激励、晋升、职业激励等均未作考察，使整体研究的全面性略有不足。

（四）指标衡量的准确性

在职消费在实践中与正常的管理费用相互交织，难以有效区分，导致本书采用管理费用率作为在职消费衡量指标的精确性有待斟酌。此外，本书中涉及较多公司财务指标，这些指标从目前来看并未完全达成一致。譬如，关于公司绩效的衡量，包括资产报酬率、净资产收益率、托宾 Q 等衡量方法，究竟哪一类指标更加准确？同理，关于产品市场竞争的衡量，究竟哪种指标的衡量结果更有意义？上述问题还需要进一步的探索和研究。

二、未来研究展望

本书存在的研究局限和不足也为未来可能深入的拓展指明了方向。譬如，本书只针对非金融类上市公司，研究结论是否适用于全行业所有上市公司有待验证。未来的研究可以将研究对象延伸至金融类、中小板、创业板等不同类别和行业的上市公司，也可拓展至非上市公司、外国企业等。随着上市公司高管薪酬制度的改革和发展，未来高管股权激励的治理效应如何？股权激励与其他公司治理机制之间是否存在相互关系？存在何种相互关系等，将是可以深入研究的一个话题。高管薪酬制度改革是一个动态的更新过程，未来研究也可以尝试从动态的角度出发并运用动态的研究方法等。

参考文献

[1] 李维安. 公司治理学 [M]. 北京：高等教育出版社，2005.

[2] 林毅夫，蔡昉，李周. 充分信息与国有企业改革 [M]. 上海：三联书店，上海人民出版社，1997.

[3] 陈冬华，陈信元，万华林. 国有企业中的薪酬管制与在职消费 [J]. 经济研究，2005，40（2）：92-101.

[4] 陈冬华，梁上坤，蒋德权. 不同市场化进程下高管激励契约的成本与选择：货币薪酬与在职消费 [J]. 会计研究，2010（11）：56-64.

[5] 陈冬华，梁上坤. 在职消费、股权制衡及其经济后果——来自中国上市公司的经验证据 [J]. 上海立信会计学院学报，2010（1）：19-27.

[6] 陈信元，靳庆鲁，肖土盛，张国昌. 行业竞争、管理层投资决策与公司增长/清算期权价值 [J]. 经济学（季刊），2013（1）：305-332.

[7] 陈胜蓝，卢锐. 股权分置改革、盈余管理与高管薪酬业绩敏感性 [J]. 金融研究，2012（10）：180-192.

[8] 陈震，汪静. 产品市场竞争、管理层权力与高管薪酬——规模敏感性 [J]. 中南财经政法大学学报，2014（4）：135-142.

[9] 陈震，丁忠明. 高管报酬契约与心理契约互补效应研究——基于上市公司经验分析 [J]. 商业经济与管理，2010（12）：38-45.

[10] 陈清泰. 国有企业上"再改革"八论 [N]. 北京日报，2014-03-31.

[11] 程柯，程立. 市场竞争强度、管理层持股与公司绩效 [J]. 产业经济研究，2011（5）：53-61.

[12] 陈志广. 高级管理报酬的实证研究 [J]. 当代经济科学, 2002 (5): 58-63.

[13] 陈晓珊. 异质性企业高管在职消费与货币薪酬的治理效应研究——兼论在职消费的"代理观"与"效率观" [J]. 云南财经大学学报, 2017a (1): 115-125.

[14] 陈晓珊. 高管薪酬激励与产品市场竞争的公司治理效应: 替代还是互补? [J]. 人文杂志, 2017b (9): 46-57.

[15] 陈晓珊. 上市公司内外治理机制如何影响高管—员工薪酬差距? [J]. 财经论丛, 2017c (12): 97-106.

[16] 陈晓珊. 公司内外联合治理、在职消费与公司绩效——基于国企改革视角的实证研究 [J]. 当代经济科学, 2016 (4): 107-116.

[17] 陈晓珊. 国有企业混合所有制改革的方式选择——基于社会福利最大化视角的理论分析 [J]. 首都经济贸易大学学报, 2017d (4): 78-86.

[18] 陈红, 王磊. 产品市场竞争对公司代理成本和代理效率的影响 [J]. 当代经济研究, 2014, (4): 37-43.

[19] 陈晓, 江东. 股权多元化公司业绩和行业竞争性 [J]. 经济研究, 2000 (8): 28-35.

[20] 杜兴强, 王丽华. 高层管理当局薪酬与上市公司业绩的相关性实证研究 [J]. 会计研究, 2007 (1): 58-65.

[21] 方军雄. 中国上市公司管理层的薪酬存在粘性吗? [J]. 经济研究, 2009 (3): 110-124.

[22] 方军雄. 高管超额薪酬与公司治理决策 [J]. 管理世界, 2012 (11): 144-155.

[23] 方芳, 李实. 中国企业高管薪酬差距研究 [J]. 中国社会科学, 2015 (8): 47-67.

[24] 冯根福, 赵珏航. 管理者薪酬、在职消费与公司绩效——基于合作博弈的分析视角 [J]. 中国工业经济, 2012 (6): 147-158.

[25] 方红星, 刘鼎崮. 管理层薪酬和公司业绩敏感性存在性研究: 理论

梳理与文献综述［J］．学术论坛，2015（10）：62-65．

［26］傅颀，汪祥耀．所有权性质、高管货币薪酬与在职消费——基于管理层权力的视角［J］．中国工业经济，2013（12）：104-116．

［27］耿云江，王明晓．超额在职消费、货币薪酬业绩敏感性与媒体监督——基于中国上市公司的经验证据［J］．会计研究，2016（9）：55-61．

［28］高雷，罗洋，张杰．独立董事制度特征与公司绩效——基于中国上市公司的实证研究［J］．经济与管理研究，2007（3）：60-66．

［29］何玉润，林慧婷，王茂林．产品市场竞争、高管激励与企业创新——基于中国上市公司的经验证据［J］．财贸经济，2015（2）：125-135．

［30］胡玲，陈黎琴，黄速建．高管薪酬、公司治理与企业绩效的实证分析［J］．中国社会科学院研究生院学报，2012（4）：33-43．

［31］胡一帆，宋敏，张俊喜．竞争、产权、公司治理三大理论的相对重要性及交互关系［J］．经济研究，2005（9）：44-57．

［32］何浚．上市公司治理结构的实证分析［J］．经济研究，1998（5）：50-57．

［33］韩忠雪，周婷婷．产品市场竞争、融资约束与公司现金持有：基于中国制造业上市公司的实证分析［J］．南开管理评论，2011（4）：149-160．

［34］蒋荣，陈丽蓉．产品市场竞争治理效应的实证研究：基于CEO变更视角［J］．经济科学，2007（2）：102-111．

［35］姜付秀，屈耀辉，陆正飞，李焰．产品市场竞争与资本结构动态调整［J］．经济研究，2008（4）：99-110．

［36］姜付秀，黄磊，张敏．产品市场竞争、公司治理与代理成本［J］．世界经济，2009（10）：46-59．

［37］姜付秀，刘志彪．行业特征、资本结构与产品市场竞争［J］．管理世界，2005（10）：74-81．

［38］姜付秀，朱冰，王运通．国有企业的经理激励契约更不看重绩效吗？［J］．经济管理，2014（9）：143-159．

［39］黎文靖，池勤伟．高管职务消费对企业业绩影响机理研究［J］．中

国工业经济,2015(4):122-134.

[40] 卢锐. 企业创新投资与高管业绩敏感性[J]. 会计研究,2014(10):36-42.

[41] 卢锐,魏明海,黎文靖. 管理层权力、在职消费与产权效率——来自中国上市公司的证据[J]. 南开管理评论,2008(5):85-92.

[42] 卢锐,柳建华,许宁. 内部控制、产权与高管薪酬业绩敏感性[J]. 会计研究,2011(10):42-48.

[43] 李常青,赖建清. 董事会特征影响公司绩效吗?[J]. 金融研究,2004,(5):64-77.

[44] 李维安,王世权. 中国上市公司监事会治理绩效评价与实证研究[J]. 南开管理评论,2005(1):4-9.

[45] 李维安,张亚双. 如何构造适合国情的公司治理监督机制——论中国监事会的功能定位[J]. 当代经济科学,2002(2):43-47.

[46] 李维安. 中国上市公司治理指数与治理绩效的实证分析[J]. 管理世界,2004(2):63-74.

[47] 李维安,韩忠雪. 民营企业金字塔结构与产品市场竞争[J]. 中国工业经济,2013(1):77-89.

[48] 李维安,孙林. 高管薪酬与公司业绩:2009~2012年A股上市公司检验[J]. 改革,2014(5):139-147.

[49] 李焰,秦义虎,黄继承. 在职消费、员工工资与企业绩效[J]. 财贸经济,2010(7):60-68.

[50] 李艳丽,孙剑非,伊志宏. 公司异质性、在职消费与机构投资者治理[J]. 财经研究,2012(6):27-37.

[51] 李寿喜. 产权、代理成本和代理效率[J]. 经济研究,2007(1):102-113.

[52] 李亚伟. 高管薪酬影响企业绩效的运行机制研究[J]. 经营与管理,2013(11):84-88.

[53] 李宝宝,黄寿昌. 国有企业管理层在职消费的决定因素及经济后果

[J]. 统计研究, 2012 (6): 76-81.

[54] 李豫湘, 米江. 家族控制、机构投资者与高管薪酬 [J]. 重庆大学学报 (社会科学版), 2016 (5): 74-83.

[55] 刘银国, 张琛. 自由现金流与在职消费——基于所有制和公司治理的实证研究 [J]. 管理评论, 2012 (10): 18-26.

[56] 刘银国, 焦健, 于志军. 国有企业分工、自由现金流与在职消费——基于公司治理机制的考察 [J]. 经济学动态, 2016 (4): 23-36.

[57] 梁勇, 干胜道, 孙宋芝. 自由现金流量和机构投资者对在职消费的影响 [J]. 财经问题研究, 2017 (3): 49-54.

[58] 梁英. 产品市场竞争对公司治理绩效影响的研究 [D]. 吉林大学博士学位论文, 2009.

[59] 刘绍娓, 万大艳. 高管薪酬与公司绩效: 国有与非国有上市公司的实证比较研究 [J]. 中国软科学, 2013 (2): 90-101.

[60] 吕长江, 赵宇恒. 国有企业管理者激励效应研究——基于管理者权力的解释 [J]. 管理世界, 2007 (11): 99-109.

[61] 罗宏, 黄文华. 国企分红、在职消费与公司业绩 [J]. 管理世界, 2008 (9): 139-148.

[62] 罗昆, 范琼琼. 产权性质、参照点效应与高管薪酬增长 [J]. 人文杂志, 2016 (12): 21-31.

[63] 林钟高, 郑军, 汤谢莹. 关系专用性投资与高管薪酬业绩敏感性 [J]. 财经研究, 2014 (9): 133-144.

[64] 刘凤委, 孙铮, 李增泉. 政府干预、行业竞争与薪酬契约——来自国有上市公司的经验证据 [J]. 管理世界, 2007 (9): 76-84.

[65] 刘志强. CEO 权力、产品市场竞争与在职消费 [J]. 云南财经大学学报, 2015 (6): 124-134.

[66] 刘慧龙. 控制链长度与公司高管薪酬契约 [J]. 管理世界, 2017 (3): 95-112.

[67] 罗进辉. 媒体报道与高管薪酬契约有效性 [J]. 金融研究, 2018

(3): 190-206.

[68] 罗进辉,万迪昉. 大股东持股对管理者过度在职消费行为的治理研究 [J]. 证券市场导报, 2009 (6): 64-70.

[69] 刘志彪,姜付秀,卢二坡. 资本结构与产品市场竞争强度 [J]. 经济研究, 2003 (7): 60-67.

[70] 刘金岩,牛建波. 产品市场竞争对经理层激励效果的影响研究 [J]. 财贸研究, 2008 (3): 95-104.

[71] 缪毅,胡奕明. 产权性质、薪酬差距与晋升激励 [J]. 南开管理评论, 2014 (4): 4-12.

[72] 梅洁,葛扬. 国有企业管理层在职消费的政策干预效果研究——基于2012年"八项规定"出台所构建的拟自然实验 [J]. 经济学家, 2016 (2): 75-83.

[73] 牛建波,李维安. 产品市场竞争和公司治理的交互关系研究——基于中国制造业上市公司1998~2003年数据的实证分析 [J]. 南大商学评论, 2007 (1): 83-103.

[74] 牛建波,李胜楠. 产品市场竞争对董事会治理效果影响的研究 [J]. 山西财经大学学报, 2008, 29 (7): 69-75.

[75] 皮建才,殷军,周愚. 新形势下中国地方官员的治理效应研究 [J]. 经济研究, 2014 (10): 89-101.

[76] 权小锋,吴世农,文芳. 管理层权力、私有收益与薪酬操纵 [J]. 经济研究, 2010 (11): 73-87.

[77] 邱茜. 中国上市公司高管薪酬激励研究 [D]. 山东大学博士学位论文, 2011.

[78] 曲亮,任国良. 高管薪酬激励、股权激励与企业价值相关性的实证检验 [J]. 当代经济科学, 2010 (5): 73-79.

[79] 宋增基,李春红,卢溢洪. 董事会治理、产品市场竞争与公司绩效:理论分析与实证研究 [J]. 管理评论, 2009 (9): 120-128.

[80] 宋晶,孟德芳. 国有企业高管薪酬制度改革路径研究 [J]. 管理世

界，2012（2）：181-182.

[81] 孙世敏，柳绿，陈怡秀. 在职消费经济效应形成机理及公司治理对其影响［J］. 中国工业经济，2016（1）：37-51.

[82] 盛明泉，车鑫. 管理层权力、高管薪酬与公司绩效［J］. 中央财经大学学报，2016（5）：97-104.

[83] 邵敏. 中国企业出口对员工收入的影响——基于企业异质性视角的经验研究［J］. 中国工业经济，2011（9）：67-77.

[84] 施东辉. 转轨经济中的所有权与竞争：来自中国上市公司的经验证据［J］. 经济研究，2003（8）：46-54.

[85] 沈艺峰，李培功. 政府限薪令与国有企业高管薪酬、业绩和运气关系的研究［J］. 中国工业经济，2010（11）：130-139.

[86] 孙林，李维安. 高管薪酬—业绩倒挂与薪酬调整决策——基于薪酬正当性维护视角的分析与检验［J］. 财贸研究，2016（2）：137-146.

[87] 树友林. 高管权力、货币报酬与在职消费关系实证研究［J］. 经济学动态，2011（5）：86-89.

[88] 谭云清，朱荣林. 产品市场竞争、监督与公司治理的有效性［J］. 上海交通大学学报，2007（7）：1165-1168.

[89] 谭云清. 产品市场竞争与公司治理有效性：理论与实证研究［D］. 上海交通大学博士学位论文，2008.

[90] 陶萍，张睿，朱佳. 高管薪酬、企业绩效激励效应与政府限薪令影响——133家A股国有控股公司的实证研究［J］. 现代财经，2016（6）：17-29.

[91] 吴昊旻，杨兴全，魏卉. 产品市场竞争与公司股票特质性风险——基于中国上市公司的经验证据［J］. 经济研究，2012（6）：101-115.

[92] 吴昊旻. 产品市场竞争与异质性风险：理论模型和实证［D］. 暨南大学博士学位论文，2011.

[93] 王兵，卢锐，徐正刚. 薪酬激励治理效应研究——基于盈余质量的视角［J］. 山西财经大学学报，2009（7）：67-73.

[94] 王洪涛. 威廉姆森交易费用理论述评［J］. 经济经纬，2004（4）：

11-14.

[95] 王新安,张春梅.媒体报道、会计信息透明度与管理者在职消费行为关系研究[J].统计与信息论坛,2016(3):97-103.

[96] 王东清,刘艳辉.产品市场竞争、管理层权力与薪酬辩护[J].财经理论与实践,2016(4):105-110.

[97] 吴成颂,唐伟正,黄送钦.在职消费具有效率吗——来自证券市场的经验证据[J].贵州财经大学学报,2015(6):20-34.

[98] 吴冬梅,庄新田.所有权性质、公司治理与控制权私人收益[J].管理评论,2010(7):53-60.

[99] 吴育辉,吴世农.高管薪酬:激励还是自身?——来自中国上市公司的证据[J].会计研究,2010(11):40-48.

[100] 王诗雨,陈志斌.产品市场竞争、政府作用与企业财务风险[J].现代财经,2017(3):78-92.

[101] 汪平,邹颖,黄丽凤.高管薪酬激励的核心重构:资本成本约束观[J].中国工业经济,2014(5):109-121.

[102] 王曾,符国群,黄丹阳,汪剑锋.国有企业CEO"政治晋升"与"在职消费"关系研究[J].管理世界,2014(5):157-171.

[103] 王新,毛慧贞,李彦霖.经理人权力、薪酬结构与企业业绩[J].南开管理评论,2015(1):130-140.

[104] 王满四.上市公司负债融资的激励效应实证研究——针对经理人员工资和在职消费的分析[J].南方经济,2006(7):65-74.

[105] 辛清泉,林斌,王彦超.政府控制、经理薪酬与资本投资[J].经济研究,2007(8):110-122.

[106] 辛清泉,谭伟强.市场化改革、企业业绩和国有企业经理薪酬[J].经济研究,2009(11):68-81.

[107] 向朝进,谢明.我国上市公司绩效与公司治理结构关系的实证分析[J].管理世界,2003(5):117-124.

[108] 徐宏忠,万小勇,连玉君.高管薪酬行业差异的实证分析[J].管

理评论，2012（4）：85-93.

[109] 夏宁，刘淑贤. 高管薪酬、企业分红与企业绩效关系研究［J］. 经济与管理评论，2014（4）：61-73.

[110] 夏宁，邱飞飞. 高管激励、非效率投资与公司业绩［J］. 南京审计大学学报，2014（2）：68-78.

[111] 夏冬林，李晓强. 在职消费与公司治理机制［C］. 中国会计学会第六届理事会第二次会议暨2004年学术年会论文集，2004（7）：361-369.

[112] 薛健，汝毅，窦超."惩一"能否"儆百"？——曝光机制对高管超额在职消费的威慑效应探究［J］. 会计研究，2017（5）：60-66.

[113] 薛求知，韩冰洁. 高级经理人激励与上市公司经营业绩关联性实证检验［J］. 财贸研究，2007（4）：112-126.

[114] 许丹. 高管薪酬激励是否发挥了既定效用——基于盈余管理权衡视角的经验证据［J］. 现代财经，2016（3）：73-89.

[115] 肖作平. 公司治理结构对资本结构类型的影响［J］. 管理世界，2005（9）：137-147.

[116] 易靖韬，张修平，王化成. 企业异质性、高管过度自信与企业创新绩效［J］. 南开管理评论，2015（6）：101-112.

[117] 姚佳，陈国进. 公司治理、产品市场竞争和企业绩效的交互关系——基于中国制造业上市公司的实证研究［J］. 当代财经，2009（8）：56-61.

[118] 晏艳阳，乔嗣佳，苑莹. 高管薪酬激励效果——基于投资—现金流敏感度的分析［J］. 中国工业经济，2015（6）：122-134.

[119] 颜剑英. 经理行为的激励方式与国有企业激励机制的改革［J］. 江苏大学学报（社会科学版），2002（2）：104-109.

[120] 杨蓉."八项规定"、高管控制权和在职消费［J］. 华东师范大学学报（哲学社会科学版），2016（1）：138-148.

[121] 于东智. 董事会、公司治理与绩效——对中国上市公司的经验分析［J］. 中国社会科学，2003（3）：29-41.

[122] 张力，潘青. 董事会结构、在职消费与公司绩效——来自民营上市

公司的经验证据 [J]. 经济学动态, 2009 (3): 82-85.

[123] 张俊瑞, 赵进文, 张建. 高级管理层激励与上市公司经营绩效相关性的实证分析 [J]. 会计研究, 2003 (9): 29-34.

[124] 周仁俊, 杨战兵, 李礼. 管理层激励与企业经营业绩的相关性——国有与非国有控股上市公司的比较 [J]. 会计研究, 2010 (12): 69-70.

[125] 张铁铸, 沙曼. 管理层能力、权力与在职消费研究 [J]. 南开管理评论, 2014 (5): 63-72.

[126] 郑浩昊, 罗丽娜. 监事会: 尴尬的稻草人——中国上市公司监事会虚化问题研究 [J]. 统计与决策, 2003 (3): 40-41.

[127] 翟胜宝, 徐亚琴, 杨德明. 媒体能监督国有企业高管在职消费么? [J]. 会计研究, 2015 (5): 57-63.

[128] 张曙光. 控制内部人控制 [J]. 经济研究, 1996 (6): 21-30.

[129] 张燕红. 高管薪酬激励对企业绩效的影响 [J]. 经济问题, 2016 (6): 116-120.

[130] 张樱. 社会资本、产品市场竞争与银行贷款融资 [J]. 山西财经大学学报, 2017 (1): 28-39.

[131] 张功富. 产品市场竞争影响企业非效率投资的路径研究 [D]. 暨南大学博士学位论文, 2008.

[132] 张栋, 杨淑娥, 杨红. 第一大股东股权、治理机制与企业过度投资——基于中国上市 Panel Data 的研究 [J]. 当代经济科学, 2008 (4): 62-72.

[133] Adithipyangkul P., I. Alon and T. Y. Zhang. Executive Perks: Compensation and Corporate Performance in China [J]. Asia Pacific Journal of Management, 2011, 28 (2): 401-425.

[134] Ang G. S., R. A. Cole and J. W. Lin. Agency Cost and Ownership Structure [J]. Journal of Finance, 2000, 55 (1): 81-106.

[135] Aggarwal R., A. Samwick. Executive Compensation, Strategic Competition and Relative Performance Evaluation [J]. Journal of Finance, 1999, 54 (6): 1999-2043.

[136] Aghion P., M. Dewatripont, and P. Rey. Competition, Financial Discipline and Growth [J]. The Review of Economic Studies, 1999, 66 (4): 825-852.

[137] Aghion P., M. Dewatripont, L. Du, A. Harrison P. Legros. Industrial Policy and Competition [R]. Working Paper, 2012.

[138] Aghion P., N. Bloom, R. Blundell R. Griffith, P. Howitt. Competition and Innovation: An Inverted-U Relationship [J]. Quarterly Journal of Economics, 2005, 120 (2): 701-728.

[139] Albuquerque A. Peer Firms in Relative Performance Evaluation [J]. Journal of Accounting and Economics, 2009, 48 (1): 69-89.

[140] Ai J. Guanxi Networks in China: Its Importance and Future Trends [J]. China & World Economy, 2006, 14 (5): 105-118.

[141] Adithipyangkul P., I. Alon and T. Y. Zhang. Executive Perks: Compensation and Corporate Performance in China [J]. Asia Pacific Journal of Management, 2011, 28 (2): 401-425.

[142] Abowd J. M. Does Performance-Based Managerial Compensation Affect Corporate Performance? [J]. Industrial and Labor Relations Review, 1990, 43 (3): 52-73.

[143] Agha M. Agency Costs, Executive Incentives and Corporate Financial Decisions [J]. Australian Journal of Management, 2016, 41 (3): 425-458.

[144] Baggs J. S., J. D. Bettignies. Product Market Competition and Agency Costs [J]. Journal of Industrial Economics, 2007, 55 (2): 289-323.

[145] Baker G. P., M. C. Jensen and K. J. Murphy. Compensation and Incentives: Practice vs. Theory [J]. Journal of Finance, 1988, 43 (3): 593-616.

[146] Bergstresser D., T. Philippon. CEO Incentives and Earnings Management [J]. Journal of Financial Economics, 2006, 80 (3): 511-529.

[147] Bertrand M., S. Mullainathan. Are CEOs Rewarded for Luck? The Ones without Principals Are [J]. Quarterly Journal of Economics, 2001, 116 (3): 201-205.

[148] Beiner S., M. Schmid and G. Wanzenried. Product Market Competition, Managerial Incentives, and Firm Valuation [J]. European Financial Management, 2011, 17 (2): 331-366.

[149] Bain J. S. The Profit Rate as a Measure of Monopoly Power [J]. Quarterly Journal of Economics, 1941, 55 (2): 271-293.

[150] Bebchuk L. A.. Shareholder Access to the Ballot [R]. Working Paper, 2003.

[151] Bebchuk L. A., J. M. Fried. Pay without Performance [J]. Business Ethics Quarterly, 2004, 20 (3): 5-24.

[152] Cuñat V., M. Guadalupe. Executive Compensation and Competition in the Banking and Financial Sectors [J]. Journal of Banking & Finance, 2009, 33 (3): 495-504.

[153] Cuñat V., M. Guadalupe. How Does Product Market Competition Shape Incentive Comtracts? [J]. Journal of the European Economic Association, 2005, 3 (5): 1058-1082.

[154] Conyon M. J. Corporate Governance and Executive Compensation [J]. International Journal of Industrial Organization, 1997, 15 (4): 493-509.

[155] Conyon M. J., L. He. Executive Compensation and Corporate Governance in China [J]. Journal of Corporate Finance, 2011, 17 (4): 1158-1175.

[156] Coughlan A. T. Competition and Cooperation in Marketing Channel Choice: Theory and Application [J]. Marketing Science, 1985, 4 (2): 110-129.

[157] Cornett M. M., N. G. Travlos. Information Effects Associated with Debt-for-Equity and Equity-for Debt Exchange Offers [J]. Journal of Finance, 1989, 44 (2): 451-468.

[158] Canarella G., A. Gasparyan. New Insights into Executive Compensation and Firm Performance: Evidence from a Panel of "New Economy" Firms, 1996-2002 [J]. Managerial Finance, 2008, 34 (8): 537-554.

[159] Coase R. H. The Nature of the Firm [J]. Economica, 1937, 4

(16): 386-405.

[160] Coase R. H. The Problem of Social Cost [J]. Journal of Law and Economics, 1960, 3 (4): 1-44.

[161] Cai H., H. Fang and L. C. Xu. Eat, Drink, Firms, Government: An Investigation of Corruption from the Entertainment and Travel Costs of Chinese Firms [J]. Journal of Law and Economics, 2011, 54 (1): 55-78.

[162] Chen D. H., O. Z. Li and S. K. Liang. Do Managers Perform for Perks [R]. Working Paper, Nanjing University, 2009.

[163] Chou J., L. Ng, V. Sibilkov and Q. Wang. Product Market Competition and Corporate Governance [J]. Review of Development Finance, 2011, 1 (2): 114-130.

[164] Cheung Y., Rau P. R., Stouraitis A. Tunneling, Propping and Expropriation: Evidence from Connected Party Transactions in Hong Kong [J]. Journal of Financial Economics, 2006 (82): 343-386.

[165] Change C. Payout Policy, Capital Structure, and Compensation Contracts When Managers Value Control [J]. Review of Financial Studies, 1993, 6 (4): 911-933.

[166] Defond M. L., C. W. Park. The Effect of Competition on CEO Turnover [J]. Journal of Accounting and Economics, 1999, 27 (1): 35-56.

[167] Demsetz H. The Economics of the Firm: Seven Critical Commentaries [M]. Cambridge University Press, Cambridge, 1997.

[168] Duffhues P., R. Kabir. Is the Pay-performance Relation Always Positive? Evidence from the Netherlands [J]. Journal of Multinational Financial Management, 2008, 18 (1): 45-60.

[169] Edgerton J. Agency Problems in Public Firms: Evidence from Corporate Jets in Leveraged Buyouts [J]. Journal of Finance, 2012, 67 (6): 2187-2213.

[170] Eisenberg T., S. Sundgren and M. Wells. Larger Board Size and Decreasing Firm Value in Small Firms [J]. Journal of Financial Economics, 1998,

48 (1): 35-54.

[171] Elayan F. A., J. S. C. Lau and T. O. Meyer. Executive Incentive Compensation Schemes and Their Impact on Corporate Performance: Evidence from New Zealand Since Compensation Disclosure Requirements become Effective [J]. Studies in Economics and Finance, 2003, 21 (1): 54-92.

[172] Elzinga K. G., D. E. Mills. The Lerner Index of Monopoly Power: Origins and Uses [J]. American Economic Review, 2011, 101 (3): 558-564.

[173] Fama E. F. Agency Problems and the Theory of the Firm [J]. Journal of Political Economy, 1980, 88 (2): 288-307.

[174] Fee C. E., C. J. Hadlock. Management Turnover and Product Market Competition: Empirical Evidence from the U. S. Newspaper Industry [J]. Journal of Business, 2000, 73 (2): 205-243.

[175] Fershtman C., K. Judd. Equilibrium Incentives in Oligopoly [J]. American Economic Review, 1987, 77 (5): 927-940.

[176] Firth M., J. C. Lohne, R. Ropstad and J. Sjo. Managerial Compensation in Norway [J]. Journal of Multinational Financial Management, 1995, 5 (2/3): 87-101.

[177] Figler R. A., R. C. Lutz. Do the Excellent Firms Effectively Match CEO Compensation to Corporate Performance? [J]. Journal of Managerial Issues, 1991, 111 (4): 445-457.

[178] Griffith R. Product Market Competition, Efficiency and Agency Costs: An Empirical Analysis [R]. IFS working paper W01/12, 2001, Institute for Fiscal Studies: London, UK.

[179] Gompers P., J. Ishii and A. Metrick. Corporate Governance and Equity Prices [J]. The Quarterly Journal of Economics, 2003, 118 (1): 107-155.

[180] Giroud X., H. M. Mueller. Does Corporate Governance Matter in competitive Industries? [J]. Journal of Financial Economics, 2010, 95 (3), 312-331.

[181] Grosfeld I., T. Tressel. Competition and Ownership Structure: Substi-

tutes or Complements [J]. Economics of Transition, 2002, 21 (10): 525-551.

[182] Goyal V. K., C. W. Park. Board Leadership Structure and CEO Turnover [J]. Journal of Corporate Finance, 2002, 8 (1), 49-66.

[183] Grinstein Y., D. Weinbaum and N. Yehuda. Perks and Excess: Evidence from the New Executive Compensation Disclosure Rules [R]. Working Paper, Cornell University. Johnson School Research Paper Series, 2009.

[184] Grossman S. J., O. D. Hart. Corporate Financial Structure and Managerial Incentives [A]. In McCall J. (Ed.). The Economics of Information and Uncertainty [M]. Chicago IL: University of Chicago Press, 1982, 107-140.

[185] Gomez-Mejia R. Luis, H. Tosi and T. Hinkin. Managerial Control, Performance and Executive Compensation [J]. Academy of Management Journal, 1987, 30 (1): 51-70.

[186] Guadalupe M., F. Pérez-González. Competition and Private Benefits of Control [R]. Working Paper, Columbia University, 2010.

[187] Healy P. M. The Effect of Bonus Schemes on Accounting Decisions [J]. Journal of Accounting and Economics, 1985, 7 (1 3): 85-107.

[188] Holmström B., P. Milgrom. Multitask Principal-Agent Analyses: Incentive Contracts, Asset Ownership, and Job Design [J]. Journal of Law, Economics & Organization, 1991, 7 (special issue): 24-52.

[189] Holmström B. Moral Hazard and Observability [J]. Bell Journal of Economics, 1979, 10 (1): 74-91.

[190] Holmström B. Moral Hazard in Teams [J]. Bell Journal of Economics, 1982, 13 (2): 324-340.

[191] Hart D. Financial Contracting [J]. Journal of Economic Literature, 2001, 39 (4): 1079-1100.

[192] Hart D. The Market Mechanism as an Incentive Scheme [J]. Bell Journal of Economics, 1983, 14 (2): 366-382.

[193] Hermalin B. The Effects of Competition on Executive Behavior [J].

RAND Journal of Economics, 1992, 23 (3): 350-365.

[194] Ha J. H. Agency Costs of Free Cash Flow and Conditional Conservatism [D]. Oklahoma: Oklahoma State University, 2011.

[195] Hirsch F. Social Limits to Growth [M]. Cambridge MA: Harvard University Press, 1976.

[196] Henderson M. T., J. C. Spindler. Corporate Heroin: A Defense of Perks, Executive Loans, Conspicuous Consumption [J]. Georgetown Law Journal, 2005, 93 (6): 1835-1883.

[197] Jensen M. C. Agency Costs of Free Cash Flow, Corporate Finance and Takeovers [J]. American Economic Review, 1986, 76 (2): 323-329.

[198] Jensen M. The Modern Industrial Revolution, Exit and the Failure of Internal Control Systems [J]. Journal of Finance, 1993, 48 (3): 831-880.

[199] Jensen M. C., W. H. Meckling. Theory of the Firm: Managerial Behavior, Agency Costs and Ownership Structure [J]. Journal of Financial Economics, 1976, 3 (4): 305-360.

[200] Januszewski S. I., J. Koke and J. K. Winter. Product Market Competition, Corporate Governance and Firm Performance: An Empirical Analysis for Germany [J]. Research in Economics, 2002, 56 (3): 299-332.

[201] Jaiswall M., M. Firth. CEO Pay, Firm Performance and Corporate Governance in Indias Listed Firms [J]. International Journal of Corporate Governance, 2009, 1 (3): 227-240.

[202] Jiang G., Lee C. M. C., Yue H. Tunneling Through Inter-corporate Loans: The China Experience [J]. Journal of Financial Economics, 2010 (98): 1-20.

[203] Klivas S. The Strategic Choice of Managerial Incentives [J]. The RAND Journal of Economics, 1987, 18 (3): 452-458.

[204] Kedia S. Product Market Competition and Top Management Compensation [R]. Working Paper. Cambridge, Mass: Harvard University, 1998.

[205] Karuna C. Industry Product Market Competition and Managerial Incentives [J]. Journal of Accounting and Economics, 2007, 43 (2-3): 275-297.

[206] Kato T. K., C. X. Long. CEO Turnover, Firm Performance and Enterprise Reform in China: Evidence from Micro Data [J]. Journal of Comparative Economics, 2006, 34 (4): 796-817.

[207] Kevin J. S. CEO Compensation and Company Performance [J]. Business and Economics Journal, 2011, 31 (1): 1-8.

[208] Li X. The Impacts of Product Market Competition on the Quantity and Quality of Voluntary Disclosures [J]. Review of Accounting Studies, 2010, 15 (3): 663-711.

[209] Lipton M., J. Lorsch. A Modest Proposal for Improved Corporate Governance [J]. Business Lawyer, 1992, 48 (1): 59-77.

[210] Luo W., Y. Zhang and N. Zhu. Bank Ownership and Executive Perquisites: New Evidence from an Emerging Market [J]. Journal of Corporate Finance, 2011, 17 (2): 352-370.

[211] Lazear E., S. Rosen. Rank-order Tournaments as Optimum Labor Contracts [J]. Journal of Political Economy, 1981, 89 (10): 841-864.

[212] Leibenstein H. Allocative Efficiency vs. "X-efficiency" [J]. American Economic Review, 1966, 56 (6): 392-415.

[213] Lewellen W. G., B. Huntsman. Managerial Pay and Corporate Performance [J]. American Economic Review, 1970, 60 (4): 710-720.

[214] Lewellen W. G., C. Loderer and K. Martin. Executive Compensation and Executive Incentive Problems: An Emprical Analysis [J]. Journal of Accounting and Economics, 1987, 9 (3): 287-310.

[215] Larker D. F. The Association Between Performance Plan Adoption and Corporate Capital Investment [J]. Journal of Accounting and Economics, 1983, 5 (83): 3-30.

[216] Lambert R. A., D. F. Larker. Golden Parachutes, Executive Deci-

sion-Making, and Shareholder Wealth [J]. Journal of Accounting and Economics, 1985, 7 (1-3): 179-203.

[217] Liu W., M. Gao. Studies on China's Economic Development [M]. Shanghai Far East Press, Shanghai, 1999.

[218] McConnell J., S. Henri. Equity Ownership and the Two Faces of Debt [J]. Journal of Financial Economics, 1995, 39 (1): 131-157.

[219] Marino A. M., J. Zábojník. Work-Related Perks, Agency Problems, and Optimal Incentive Contracts [J]. The RAND Journal of Economics, 2008, 39 (2): 565-585.

[220] Miller D. J. CEO Salary Increases May Be Rational After All: Referents and Contracts in CEO Pay [J]. Academy of Management Journal, 1995, 38 (5): 1361-1385.

[221] Madura J., A. D. Martin and K. A. Jessel. Determinants of CEO Compensation in Small Publicly-Traded Businesses [J]. Latin American Business Review, 1996, 14: 80-88.

[222] Murphy K. R. S., M. S. Salter. Should CEO Pay be Linked to Results? [J]. Harvard Business Review, 1975, 53 (3): 66-73.

[223] Masson R. T. Executive Motivation, Earnings and Consequent Equity Performance [J]. The Journal of Political Economy, 1971, 79 (6): 1278-1292.

[224] Nickell S., D. Nicolitsas and N. Dryden. What Makes Firms Perform Well [J]. European Economic Review, 1997, 17 (9): 783-796.

[225] Nickell S. J. Competition and Corporate Performance [J]. Journal of Political Economy, 1996, 104 (4): 724-746.

[226] Nalebuff B., J. Stiglitz. Information, Competition and Markets [J]. American Economic Review, Paper and Proceedings, 1983, 73 (5): 278-283.

[227] Nevo A. Measuring Market Power in the Ready-to-eat Cereal Industry [J]. Econometrica, 2001, 69 (2): 307-342.

[228] Parrino R. CEO Turnover and Outside Succession: A Cross-sectional

Analysis [J]. Journal of Financial Economics, 1997, 46 (2): 165-197.

[229] Peress J. Product Market Competition, Insider Trading, and Stock Market Efficiency [J]. Journal of Finance, 2010, 65 (1): 1-43.

[230] Randøy T., J. I. Jensen. Board Independence and Product Market Competition in Swedish Firms [J]. Corporate Governance, 2004, 12 (3): 281-289.

[231] Randøy T., J. Nielsen. Company Perofrmance, Corporate Governance, and CEO Compensation in Norway and Sweden [J]. Journla of Management & Governance, 2002, 6 (1): 57-81.

[232] Rajan R. G., J. Wulf. Are Perks Purely Managerial Excess? [J]. Journal of Financial Economics, 2006, 79 (1): 1-33.

[233] Rashid A. Corporate Governance, Executive Pay and Firm Performance: Evidence from Bangladesh [J]. International Journal of Management, 2013, 30 (2): 556-575.

[234] Schmidt K. Managerial Incentives and Product Market Competition [J]. Review of Economic Studies, 1997, 64 (2): 191-213.

[235] Singh M., W. N. Davidson Ⅲ. Agency Costs, Ownership Structure and Corporate Governance Mechanisms [J]. Journal of Banking & Finance, 2003, 27 (5): 793-816.

[236] Scharfstein D. Product-market Competition and Managerial Slack [J]. Rand Journal of Economics, 1988, 19 (1): 147-155.

[237] Slade M. E. Strategic Motives for Vertical Separation: Evidence from Retail Gasoline [J]. Journal of Law, Economics, and Organization, 1998, 14 (1): 84-113.

[238] Sun Q., W. H. S. Tong. China Share Issue Privatization: the Extent of Its Sucess [J]. Journal of Financial Economics, 2003, 70 (2): 183-222.

[239] Williamson O. E. Transaction Cost Economics: The Governance of Contractual Relations [J]. Journal of Law & Economics, 1979, 7 (2): 233-261.

[240] Williamson O. E. The Economic Institutions of Capitalism [M]. Free

Press, New York, 1985.

[241] Williamson O. E. The Mechanisms of Governance [M]. Oxford University Press, 1996.

[242] Williamson O. E. Market and Herarehies [M]. The Free Press. A Division of Macmillan Pulbishing Co. Inc. , 1975.

[243] Yermack D. Flights of Fancy: Corporate Jets, CEO Perquisites, and Inferior Shareholder Returns [J]. Journal of Financial Economics, 2006, 80 (1): 211-242.

[244] Yermack D. Remuneration, Retention and Reputation Incentives for Outside Directors [J]. Journal of Finance, 2004, 59 (5): 2281-2308.

[245] Yermack D. Higher Market Valuation for Firms with a Small Board of Directors [J]. Journal of Financial Economics, 1996, 40 (2): 185-211.

[246] Yeung I. Y. M. , R. L. Tung. Achieving Business Success in Confunian Societies: The Importance of Guanxi (Connections) [J]. Organizational Dynamics, 1996, 25 (2): 54-65.